梅おばあちゃんの贈りもの

82歳の
現役職人が伝える
梅仕事と
暮らしの知恵

乗松祥子＝著
内田也哉子＝ゲスト

誠文堂新光社

はじめに

私の営む「延楽梅花堂」にご来店くださるお客様や、電話でのお問い合わせで、「私の家には祖母や母がつけていた梅干しが何瓶もありますが、どうしたらいいでしょうか」、「父が庭の梅の実を漬け込んで作った、ドロ～ッとしたあめ色の梅酒があるのですが、飲んだりしても大丈夫ですか」といったご質問をいただきます。出張販売に行きますと、2～3日間で5～10人の方からそういったお尋ねがございます。

即座に「それは、お家のお宝ですね、決して処分しないでください」とお答えしています。「塩が吹き出した梅干しは、梅酢と塩もみをしたしそを入れてみてください。冷暗所で塩が溶けるのを待ってお召し上がりください」、「梅酒はごくまろやかな味わいになっているはずです。ロックや炭酸割りにして古酒の味わいをお楽しみください」と申し上げます。

これらの梅製品は何年か何十年か前に、作り手の方がご家族の健康を願って調整されたに違いありません。梅干しは災害時の命を守る保存食として、青梅を使用した梅酒は、青梅の特性をアルコールで閉じ込めた薬用酒の一種として使用されてきました。

かつてはどこの家庭でも、ご自宅の畑やお庭に梅の木が植えられていました。各家庭で作られた梅製品の味わい比べを、皆さんでされたことでしょう。

今日、梅も品種改良によって新品種が作られています。世情の変化や生活様式により、天日干しをした梅干しはほとんど見られなくなりました。でも、ご自分で梅仕事をされれば、本物の梅干しを手に入れることができます。

日本古来の野梅《やばい》系の梅である杉田梅を保護し、昔ながらの梅仕事を継承していくために、「杉田梅を守り育てる会」という会を立ち上げました。あと何年かすれば、「杉田梅を守り育てる会」が全国各地に送った杉田梅から、立派な実梅が産出されます。その実梅を使用して、お子様向けに梅干し教室を開き、梅の持つクエン酸がどのような働きをするのか、胃腸の働きや健康維持にどう作用するのかを学んでいただく場が持てたらと考えています。

私も今年（２０２３［令和5］年）の11月で83歳を迎えます。最近は人の手を借りることも多くなってきましたが、梅仕事に真摯に向き合い、少しでもよい製品を作り出したいと思うと活力が湧いてきます。

梅仕事は自然を学ぶこと。次世代の人たちへ、梅の持つ力と大切さを認識してもらいながら、楽しく伝承していきたいと思っています。

乗松祥子

もくじ

第3章 夏のこと

第4章 秋のこと……095

第5章 冬のこと……125

写真　森泉匡、川上輝明、上端春菜
カバー写真ディレクション　小橋太郎（Yep）
ヘア&メイク（内田也哉子）木内真奈美（Otie）
装丁　漆原悠一（tento）
構成・取材・執筆　高橋敬恵子
校正　ケイズオフィス
写真協力（P137）『婦人画報』（2021年1月号）
協力　延楽梅花堂

第1章　私の梅養生

82歳でもなお元気。
朝から晩まで働く梅おばあちゃんこと、乗松祥子さん。
梅に寄り添い、ささやかな発見を慈しみながら
心豊かな日々を送っています。
一日の過ごし方、50年続けている三つの習慣、
食事のこと、心の栄養について教えていただきました。

やりたいことを追い続ける

季節にもよりますが、私の一日は朝日を拝むことから始まります。東の空がオレンジ色に染まり、日の光をたっぷり浴びると今日も一日元気に仕事をしようと力が湧いてきます。

気になることがあると、ひらめきの神様が降りてくださるのか、朝4時頃にパッと目が覚めます。ついこの間も梅に蜂蜜を入れた新製品について考えていたらすごい名案が浮かび、居ても立ってもいられなくなり布団から起き出しました。

朝の台所は私の実験室です。思いついたら、すぐに作って試す。試行錯誤しながら、頭に描いたものを自分の手で作り上げる。この時間が最高の息抜きであり、楽しみなのです。

生きている限りは、すべてが学習。だから、80歳を過ぎても新しい発見があり、やりたいことがどんどん増えていくのだと思います。何事も50、60代のようにはいきません。陰に陽に周りの方々にも助けていただいています。

毎日の過ごし方

平日はスタッフが来る午前10時までには、家事や身支度などを済ませるようにしています。家で梅仕事をしているときは、遅めの朝食と早めの夕食の一日二食。昼食は取らず、午後3時まで仕事に集中します。午後のティータイムに甘いものでひと息つき、気分を切り替えてもうひと頑張り。今日はこれから、期間限定で出店するお店用に200本の梅ジュースを作ります。

普段の主な仕事は、梅の製品作りや接客など。実は、梅仕事は梅の季節だけでなく、古い梅の養生や梅干しの風入れなど、細々としたことが一年中あります。日によって、打ち合わせやご挨拶回りで終日外出のときもあれば、家で製品作りに追われ、夜10時を過ぎてしまうこともあります。

週末は休めるときは休むようにして、ひらめくままに商品開発を楽しんでいます。地方からわざわざ訪ねてきてくださる方も多く、梅のお話をしていると一日があっという間に過ぎていきます。

この歳になってもこれだけ元気に動けるのは、毎日の梅仕事のおかげだと思っています。梅という食材は強烈で、魅力にあふれていて、いつも活力をいただきます。

梅林から届いたばかりの梅を手にしていると、たくさんのアイデアが湧いてきます。

50年間変わらない習慣

忙しいときこそ、長年の習慣を崩さないように心がけています。一つでも抜けてしまうと、そこから身体と精神のバランスが乱れてきてしまうからです。

私には、50年間欠かさない習慣が三つあります。

一つ目は、長時間煮詰めた梅肉エキスジュース（P076）をにんじんやりんごのジュースに溶いて飲むこと。この特製梅肉エキスジュースが活力の源です。クエン酸の働きで身体の代謝がよくなって、疲れにくくなります。ここ一番の用心どきは、梅肉エキスと生蜂蜜を1対1で混ぜて飲んでいます。

二つ目は柔軟体操。梅仕事は体力勝負なので、毎朝20〜30分かけて筋肉や関節を伸ばしています。特に開脚のストレッチは外せません。股関節を柔軟にしておくと、足元がしっかりするからけが防止にもなります。身体は正直だから、2〜3日休むとあちらこちらに不具合が出てきます。朝の柔軟体操は、身体も頭もスッキリ目覚めさせてくれますよ。

三つ目は読書。身体をほぐして脳が活性化されると、読書の集中力が上がります。私はジャンルにこだわらず何でも読みますが、朝は読んだことが真っすぐに頭に吸収される感じがします。朝の時間は宝物ですね。

特製の梅肉エキスは、朝食のときジュースと混ぜていただきます。

誰にも邪魔されない早朝から
昼前まで、1人で台所に立ち、
頭に思い描いたものを形にし
ていくときが至福です。

毎日の食事のこと

私の身体はリトマス試験紙みたいに、添加物や体質に合わないものを食べるとすぐに胸焼けなどの反応が現れます。ですから、食材選びや調理法には気を使います。小麦粉は国産を選び、食材も遺伝子組み替えでないものをなるべく選ぶようにしています。

家での食事は和食が多いですね。毎日欠かさないのは豆腐や厚揚げ。厚揚げは伝統的な作り方を大切にしているお豆腐屋さんから取り寄せています。野菜やフルーツは知り合いの農家さんにお願いしています。農薬や化学肥料を使わない土と、豊かな自然に育まれた野菜は、色も香りも味も濃厚。包丁を入れたときに感じる力強さが全然違います。鮮度のいい旬の野菜は、細胞を活性化してくれると信じています。

外食は中華料理やフランス料理、おそばやお寿司など、家庭ではまねしにくいプロの味を楽しみます。こういうときは、皆さんにびっくりされるくらいよく食べます。お肉は牛、お魚は鱧《はも》や鰻《うなぎ》、あなごなどが好物です。

おやつも食事のように、季節の到来を告げるものを選びます。例えば、春は「豆友」

野菜とフルーツはエネルギーあふれる旬のはしりと、おいしさがピークとなる中《なか》のものをいただきます。

の雛あられ、夏は「越後屋若狭」の水羊羹、秋は「とらや」の栗氷や栗粉餅、冬は「和久傳」の季節のおかき、「奈良祥樂」の太子餅など。定番のおやつは焼き菓子、飲み物は番茶か紅茶です。

今日のおやつは国産小麦粉で作られた「eatrip soil」の素朴なクッキーにしました。上質な原料をシンプルな技術で作るお菓子が好きです。

歯磨きにもスキンケアにも使える梅

「乗松さんは、歯周病や虫歯がないですね。何か特別なケアをしているのですか」

以前、かかりつけの歯科医からそんな質問を受けたことがあります。私は、歯磨きは梅ペースト、歯磨きの仕上げやうがいにはお湯で希釈した梅酢水を長年使っています（編集部注：乗松さんの経験です。取り入れる場合はご自身の判断でなさるようにお願いいたします）。どうやら梅に含まれるクエン酸の抗菌作用が功を奏しているようです。

スキンケアについてもよく聞かれますが、青梅と水で作る自家製梅化粧水（下記参照）のみで手入れしています。余分なものが入っていない天然の梅化粧水は肌をツルツルにし、リンス代わりに使うと髪をサラサラにしてくれます。

考えてみたら、私は化粧品を買ったことがないんです。美容面でもきっと多くの可能性を秘めている梅は、真摯に向き合うといろいろなことを教えてくれます。そして、

自家製梅化粧水の作り方

① 鍋に40℃くらいの湯でよく洗った青梅8個とかぶるくらいの水を入れ、沸騰したら弱火で8分ほど煮ます。実は崩れても構いません。

② 使う分だけを冷蔵庫へ入れ、残りは冷凍保存します。少し刺激があるので、皮膚の弱い方は腕などでテストをしてからお使いください。

その力を信じてあげると、より頑張って効果を発揮してくれる気がします。

暮らしの中での感動や喜びが心の栄養

住まいは都内ですがささやかな庭があって、そこで山野草や梅の苗を育てています。自宅に飾る花は、ほとんど自給自足。華やかで存在感のある洋花より、自然の中で放っておいてもけなげに咲く山野草が好きです。空き瓶に挿すだけで心を和ませてくれる、その控えめな存在がいとおしいんです。

先日、植木に水をあげていたら、イタリアンバジルの葉がレースのようになっていました。犯人は丸々と太った青虫。本当だったら青虫にどいてもらうんですが、せっかくここまで大きくなったんだから、それもかわいそう。もう好きなだけ食べさせて美しいちょうになってもらおう、とそのままにしました。しばらくしたら窓の外に2匹のちょうが飛んできて、羽化したばかりのちょうと飛び立っていきました。父親と母親が迎えにきたのかもしれません。イタリアンバジルは食べられてしまったけれど、その代わりに温かい気持ちになる自然のドラマを観させてもらいました。

毎日の暮らしの中で、感動や喜びを身近に見出すことができるのは、とても幸せなことだと思います。

和ハーブのドクダミと洋ハーブのイタリアンバジルの組み合わせが新鮮でしょう。こんなささやかな発見が、一日の元気につながります。

生きている限りは、すべてが学習。
だから、80歳を過ぎても新しい発見があり、
やりたいことがどんどん
増えていくのだと思います。

私の養生食
――身体と心を整える毎日の食事

私の養生食の基本は、細胞を刺激し元気にしてくれる梅干し、梅酢、そして旬の食材です。旬の中でも初《はつ》、中《なか》、後《あと》とありますが、私は初々しい味わいと活力が宿っている初物をいただくようにしています。野菜や果物は、芳醇さが際立ちおいしさが頂点になる中《なか》の時季のものも好きです。

養生食の主役となるのは、旬の野菜の煮びたしです。小松菜なども煮びたしにするとカサが減り、一束もあっという間になくなります。ビタミンや食物繊維がたっぷり取れるから、身体の調子が整います。油揚げやきのこなどを入れ、日々アレンジすると飽きませんよ。

梅酢を使うと日持ちがよくなり、作り置きにも便利です。
　最近、タンパク質は、なるべく魚や豆腐から取るようにしています。魚は梅酢を使うと臭みが取れ、ふっくら炊けます。食欲のないときは、梅がゆに水で溶いたくずを加えると身体が温まり、胃腸の働きを活発にしてくれます。
　梅干しに番茶を注ぐだけの梅干し番茶もいいですよ。風邪予防には、おろししょうがとしょうゆを極少量加えます。空腹時や食前に熱々で飲むのがポイント。
　梅を使った養生食、体調が優れないときにもお試しください。

小松菜とホタテの梅酢煮びたし

材料（作りやすい分量）

小松菜　1束

A　日本酒　180㎖
　みりん　50㎖
　しょうゆ　大さじ2
　梅酢（赤でも白でもよい）　20㎖

粗びき黒こしょう（好みで）　小さじ1

ホタテ（刺身用）　5〜10個

作り方

① 小松菜は食べやすい大きさに切る。

② 鍋にAとホタテを入れ、弱火にかける。ホタテはかたくないように両面を3分煮て取り出す。

③ ②の鍋に小松菜を茎から入れ、3〜5割火が通ったら葉を入れる。ひと煮立ちしたら小松菜を取り出す。

④ 煮汁だけを沸騰させアクを取る。

⑤ 小松菜を鍋に戻し、ホタテを裂いて加え、予熱で仕上げる。

小いわしの梅酢山椒《さんしょう》煮

材料（2〜4人分）

小いわし　10尾

A
- 水　600mℓ
- 日本酒　200mℓ
- 梅酢（赤でも白でもよい）　大さじ2

しょうが（薄切り）　10かけ

B
- 日本酒　200mℓ
- しょうゆ　大さじ2
- 梅酢（赤でも白でもよい）　大さじ2
- みりん　50mℓ

山椒の実　適量
山椒の葉　適量

＊梅酢がない場合はほぐした梅干しの実で代用できます。

作り方

① 小いわしは水で洗ってウロコを取り、手で頭と内臓を取り除く。

② Aと小いわしを鍋に入れ中火にかける。沸騰したらザルに上げ湯を捨てる。

③ 鍋底に薄切りにしたしょうがを敷き詰め、小いわしを並べる。Bを入れ中火にかける。沸騰したら弱火にし20〜30分煮る。

④ 山椒の実を加え、落としぶたをして中火で煮汁がなくなるまで15分煮る。

⑤ 器に盛り、山椒の葉をのせる。

梅くずがゆ

材料（1〜2人分）
白米　½合
水　600㎖
赤梅酢　大さじ½
くず粉　30g
赤梅酢（好みで）　適量
＊赤梅酢の代わりに、種を取って実をほぐした梅干しを入れてもよい。
梅干し　1粒

作り方
① 白米は研いで30分〜1時間浸水させる。
② 水と赤梅酢、白米を鍋に入れ、中火にかける。沸騰したら弱火にして30分火にかける。
③ 水大さじ2（分量外）で溶いたくず粉を入れる。好みで赤梅酢を加える。
④ おかゆをお椀《わん》によそい、梅干しをのせる。

梅干し番茶

材料（1人分）
梅干し　1粒
番茶　150㎖

作り方
湯飲みに梅干しを入れ、番茶を注ぐ。

第2章

春のこと

あらゆる生命の息吹が感じられる春。
乗松さんの人生を決めた多くの出合いも
この季節にありました。
１００余年前の梅干し、料理人・辻《つじ》嘉《か》一《いち》氏、そして杉田梅。
すべては梅の神様のお引き寄せによって、
ご縁がつながっていったのです。

収穫の季節

私が長年お世話になっている穂坂梅林は、神奈川県小田原市の曽我別所にあります。正面に富士山を仰ぐこの地は、古くから梅の名所として知られ、現在でも3万5000本もの白梅が植えられています。

私は年に何度も梅林へ足を運びますが、ふかふかとした雑草の絨毯《じゅうたん》が茂る、新緑の季節がいちばん好きです。目を閉じて深呼吸すると、草の香り、青梅の若い香り、湿気を含んだ土の香りが身体の隅々にまでしみわたり、体内を浄化してくれるようです。ここに来ると、疲れもすっきり取れて清々しい気分になれます。

自然の生態を大切にしてきた穂坂梅林は歴史を感じさせる古木が多く、時が止まったかのような静謐《せいひつ》な空気に包まれています。5月のいよいよ摘果、という数日前に雑草の絨毯はきれいに下刈りされ、成長した梅は和毛《にこげ》を光らせ、一粒一粒、職人の手によって母なる杉田梅の木から丁寧に摘み取られていきます。そして、ここから私が梅の命のバトンを受け取り、梅仕事が始まるのです。

P25上 農薬や化学肥料を使わない土には多くの昆虫が生息し、雑草が生い茂り、梅も地球のリズムに合わせのびのびと育まれます。

P25下 収穫されたばかりの杉田梅は透明感のある翡翠《ひすい》色。お尻がツンとがっているのが特徴です。

人生を決めた三つの出合い

これからお話しさせていただく三つの出合いがなかったら、私の人生は全く違うものになっていたと思います。これらは私の中に黄金の三角形を作り、どれが欠けても今の梅仕事は存在しなかったでしょう。その三つとは、１００余年前の梅干し、辻嘉《つじか》一《いち》氏、穂坂梅林の杉田梅。全ては梅の神様のお引き合わせだと思っています。

１００余年前の梅干し

まるでミイラのように干からびた１００余年前の梅干しとの出合いが、初めて梅という食材に興味を持ったきっかけでした。

私が子どもの頃は、梅干しはほとんどが家庭で作られ、食卓に梅干しがあるのはごく普通の光景でした。あまりに身近すぎる食材でしたから、その黒くカチカチになった梅干しは、かなり衝撃的でした。

その頃、私は銀座の茶懐石料理店「辻留」に勤めていました。１９６５（昭和40）年に店舗が文藝春秋ビルから引っ越しする際に、床下から出てきたのがこの梅干しで

１００余年前の梅干し。壺に掛けられていた新聞の記事は日露戦争のニュースでした。このときは梅干しよりも古新聞に興味をそそられました。

した。壺のふたを覆っている新聞紙はすっかり変色し、中をのぞくと一面塩の塊。その下にミイラのように干からびた梅干しが壺の3分の2ほど入っていました。

この梅干しは店主の辻嘉一氏があるサンカの研究者から譲り受けたもので、そのときで100年はゆうに超えている、と話してくれました。サンカとは、山奥や河原に住み、狩猟や竹細工などをなりわいとして生活をしていた人たちのことです。彼らが漬けた貴重な梅干しでした。

「梅には不思議な力があるんだよ。梅酢につけてごらん、ちゃんと元に戻るから」と料理長に言われ、どうしたものかと思案していた私は、その言葉を信じて持ち帰ることにしました。ところが、しばらくすると梅干しのことなどすっかり忘れてしまったのです。

あるとき知り合いが、古い梅干しを分けてほしい、と訪ねてきました。聞けば、叔母さんががんを患い、古い梅干しと里芋をすりおろし、混ぜて患部に湿布をすると痛みが和らぐと言います。20粒ほど差し上げて、後日様子を聞くと、高熱が取れて痛みが薄れ、たいへん楽になったそうです。古い梅干しが人の役に立つのを見たのは、このときが初めてでした。

そのとき知り合いからお礼にいただいた梅酢を、以前料理長に教わった通りに古い梅干しの入った壺に注いでおきました。何年かしてから壺の中をのぞいてみると、ミ

しそや梅酢を入れるなどして養生を重ねながら、約30年かけてよみがえらせた100余年前の梅干し。

イラのようにカチカチだった梅干しが、いくらか見覚えのある梅干しらしく、ふっくらとよみがえっているではありませんか。

恐る恐る一粒口に含んでみると、酸味も塩気もしっかり残っています。この酸味が梅の力を100年持続し、この塩気が梅の命を100年支えてきたに違いありません。100年たっても食べることができる食材があるなんて！　生きて呼吸をしている梅の生命力の強さに衝撃を受けたのを今も覚えています。

よし、私も100年後に人の身体の役に立って、次世代に食べ継がれる梅干しを作ってみよう、とこのとき心に決めました。自分がいなくなった後も生き続ける梅干しには、ロマンがあると思いませんか。

天下の料理人、辻嘉一氏

辻嘉一氏と出会っていなかったら、今の自分はなかったと言っても過言ではありません。私が愛媛から上京してきたのは、日本の経済や文化が大きく変わろうとしていた1962（昭和37）年頃。当時、京都に本店を持つ茶懐石料理店の「辻留」は、銀座の文藝春秋ビルの2・3階にありました。

その日、私はたまたま通りかかった「辻留」の外に貼られていた求人広告を見て、気軽な気持ちでエレベーターに乗ったところ、辻嘉一氏と鉢合わせしました。驚いた

旦那様は多くの書籍を通じて自らの料理思想を語り、当時の料理人の地位を上げてくださったと思います。

ことに、その場で洗い場へ入る話が決まり、私が勤めていた職場には辻氏が自ら連絡をしてくださり、三日後から「辻留」で働くことになりました。前日にちょうど仕事先の松山からお帰りになったとおっしゃっていて、ご縁があったんだと思いました。「辻留」の二代目のご主人、辻嘉一氏は、14歳から包丁を持ち、茶懐石を極めた天才肌の料理人でした。

「四季に恵まれた日本は食の宝庫。北から南まで、山海の豊かな食材を楽しむことができる」と、旬の素材と季節を演出する器を重んじる料理哲学を貫き、日本の食文化をこよなく愛した方でした。

次世代の料理人に日本料理の真髄を伝えるために、１００冊以上もの料理本を最晩年まで書き続けた稀有《けう》な料理人でもありました。今でこそ料理人が本を出すのは珍しいことではありませんが、当時はかなり前衛的なことで、包丁よりペンを握っている時間が長い料理人、と揶揄《やゆ》されることもありました。

私は、ゆくゆくはつくだ煮屋を始めたいと思っていました。「辻留」へは煮ものや煮豆の火加減などを学ばせていただこうと入店したのですが、会計事務所に勤めていた経験があったため、主に帳場の仕事を任されました。

もともと料理には関心があったので、旦那様（辻氏の店での呼び方）や料理人たちの仕事をそれとなく見ていました。帳簿つけの合間に旦那様の雑誌や本の撮影を手伝う機会にも恵まれ、店では学べないことも厳しく教えていただきました。

思えば、当時の「辻留」は、そこで働くすべての人たちにとって学びの場でした。料理屋というのは教えてくれないところなんですけれど、旦那様は素材の活かし方から器のことまで広範囲に物事を教えてくださいました。日々調理場で見聞きするにつけ、ここは料理屋というより塾だなと思ったものでした。

例えば、弟子たちが当番制で担当する賄いは、旬の材料を使用して調理させる。そして、自身でも味わってみる。それは徹底していましたね。今でも、それぞれの人が一椀《わん》、一皿で表現していた味わいが思い出されます。

その頃の旦那様は、勢いに乗っていらっしゃいました。撮影のときに、カメラマンの方と一触即発になるなど、ハラハラする場面が何度もありました。良くも悪くも大暴れをしているときに周辺にいて、そのエネルギーに巻き込まれるというのは、大いに勉強になりました。

今後、このような料理人とはなかなか出会えないと思ったので、次世代へつなぐ料理思想や技術を見せていただこう、という気持ちで働いていました。

「辻留」には、23年ほど勤めさせていただきました。ここでの時間は人生の宝物です。ただただ感謝しかありません。そして、自分が旦那様の年齢に追いついたことで、その想いはますます強くなっています。

日本料理の原点に
これほどエネルギーを注ぐ料理人とは
今後、出会うことはないだろう。
調理場の外で学べることまで
学ぼうと思ったのでした。

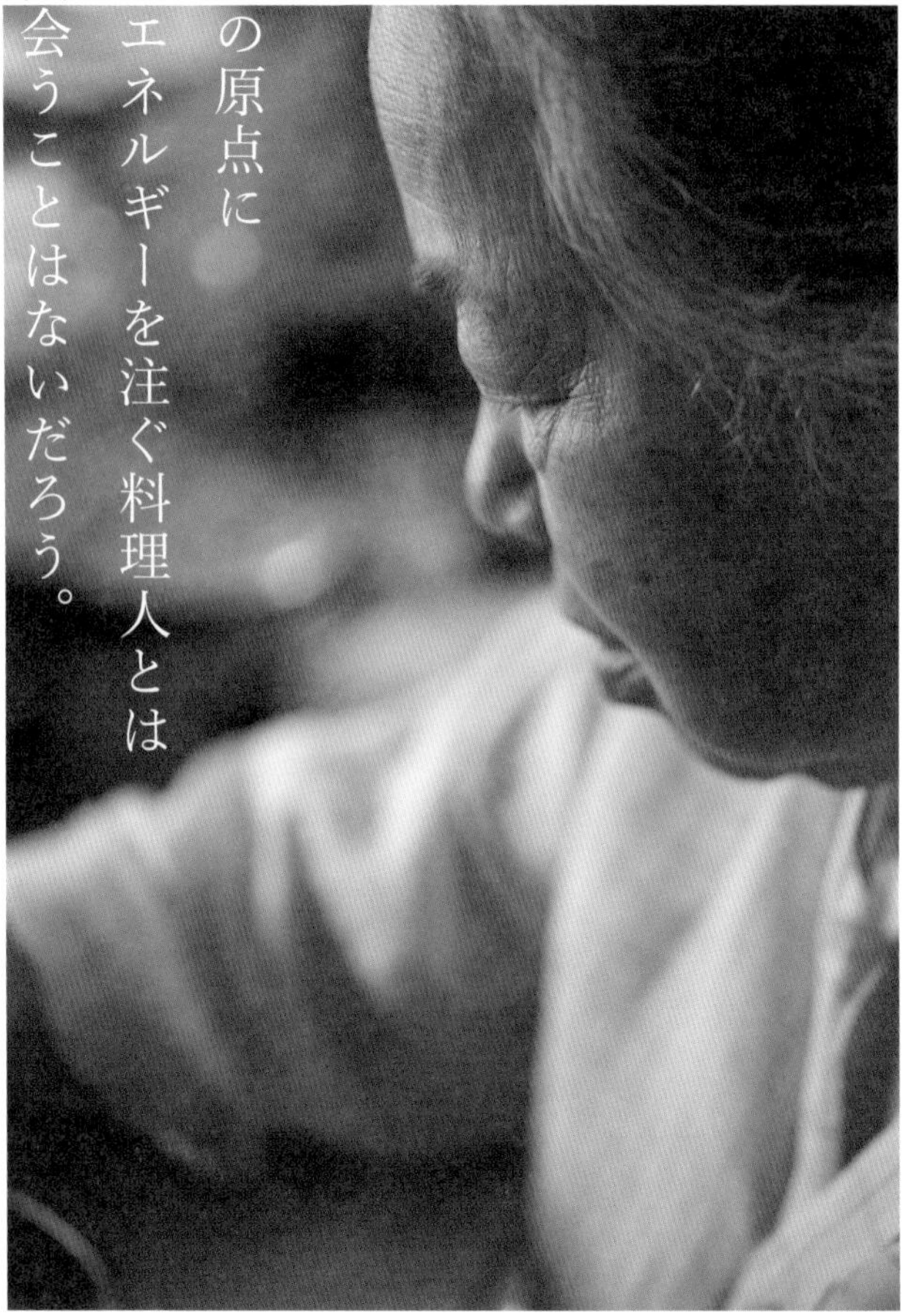

失敗続きの梅干し作り

私が毎年欠かさず梅干しを作るようになったのは、１００余年前の梅干しと出合ってからです。「辻留」では休みがほとんどなかったので、梅干し作りを口実にすれば少しは休めるかな、という下心も大いにありました。旦那様に「梅干しを漬けたいので、土用干しのときの2〜3日ほど休暇をいただきたい」と申し出たところ、あっさりとお許しが出ました。

ところが、実際に梅干しを作ろうと思ったら、知識不足もいいところ。母の梅干し作りを見ていたので塩で漬けることくらいは知っていましたが、しそのこととなるとかなり曖昧です。とりあえずしそを洗ってよく拭き、壺に放り込んでおいたら、後日うっすらとかびが生えているではありませんか。慌てて本を買い、しそは塩で揉みアク抜きが必要だったことを知る始末です。このときの梅は無事で、クエン酸の効果を初めて実感した出来事でした。

そんなドタバタ劇の中で、心がハッとするような梅の神秘性と出合う瞬間がありました。アク抜きをしたしそに梅酢を加えると、アントシアニンの働きによって一瞬に

赤しそと白梅酢が作り出す赤紫色は、美しい自然の産物。この赤梅酢はしばづけなどのつけ汁にも使えます。

して鮮やかな赤紫色に変化する様は、まことにドラマティック。何度見ても、幾つになっても感動を覚えます。

この頃の梅干し作りは試行錯誤を繰り返しながら、一喜一憂するという手探り時代。でも、まっさらな気持ちで梅と真摯に向き合え、毎日が新しい発見の連続でした。

梅を触ることが何よりの養生

おかげさまで82歳を迎えてもこの通り元気ですが、若い頃は驚くほど身体が弱かったんです。春先は今でいうアトピー性皮膚炎に悩まされ、シャワーも浴びられない時期がありました。暑さも苦手で、夏の太陽を見るとクラクラッとめまいがして立っていられないくらいでした。加えて、肩こりで冷え性でもありました。「辻留」で働き始めたときの体重は、34kgしかありませんでした。

毎年、無我夢中で梅を漬けていたら、梅のクエン酸のおかげなのか、赤しその色素のおかげなのか、体調がどんどんよくなっていく。最も苦手だった夏の炎天下の土用干しも楽しみの一つに。いつの間にか身体が冷えにくくなり、血行もよくなりました。

梅仕事は私の身体に合っていたのでしょうね。梅を触ることが私の何よりの養生になっています。

梅のためにアパート一棟借り

「辻留」時代、私は千葉県市川市の4畳半ひと間の木造アパートに住んでいました。最初は5kgの梅干し作りから始めたのですが、鎌倉の農家から分けていただけるようになると10kg、20kg、30kgと年々増えていきました。そして、自分で漬けたお宝を眺めているのが至福の時でした。

ところが、販売しているわけではないので、梅干しは毎年増える一方です。部屋がどんどん手狭になっていくので、アパートの間借り人が出て行くたびに私が借り、ついには6室を持つ二階建てのアパートを一棟借り。それでも足りなくて、お隣のアパートをさらに2部屋借りて、合計8部屋借りることになりました。

なんとか梅の保存場所は確保したものの、干す場所には往生しました。最初はアパートのトタン屋根を利用したり、お隣のビルの屋上や空き地をお借りしたりしていました。でも、極上の梅干し作りの仕上げには、たっぷりの夜露が必要なんです。これが街中ではなかなか望めない。最終的にはご縁あって、鎌倉のお寺の山の中で干せるようになりました。ここは十分な夜露が降りるので、梅の弾力やしわ加減が断然いいのです。

100年先まで生きる梅干し作りには、自然環境がとても大事です。

「辻留」に勤めていた頃、土用干しは当時住んでいたアパートのトタン屋根の上で行っていました。2畳ほどのスペースに所狭しと梅のざるを並べていましたが、トタンの照り返しが強く、夜露がうまく降りませんでした。

酸っぱいのは苦手

大きい声では言えませんが、私は酸っぱい食べ物が苦手でした。梅干しは食べるよりも作るのが面白くて続けていました。梅肉エキスジュースは毎日欠かさず飲んでいましたが、梅干しは夏場や疲れたときにしか口にしませんでした。

梅干しのおいしさに目覚めたのは、20年ほど前に体調を崩して入院をしたときです。病院食が口に合わず何も食べられなくなったんです。ある日、後輩がお見舞いに来て、お守り代わりに持っていた自分の梅干しを置いていってくれました。その晩、初めて梅干しをおかゆに入れて食べたらおいしくて、２００gものおかゆをペロリと食べてしまいました。気分はすっきりとして、身体もシャキッとしました。今さらながら梅干しの底力を、身をもって体験したのです。

昔から「梅はその日の難逃れ」「梅は三毒を絶つ」というじゃないですか。先人たちの知恵には頭が下がります。

このときから私も自分で作った梅干しを毎日食べるようになりました。特に、梅仕事が忙しいときは疲れて何も食べる気がしない日があります。そんなときは、おかゆにくずを溶いて梅干しと一緒に食べると、徐々に食欲が戻ってきます。最近は、おかゆを多めに作り冷凍しておくようにしています。

梅仕事への自信につながった出来事

お恥ずかしい話ですが、漬け始めた頃は、梅干しを人様に差し上げるという心遣いがありませんでした。一粒一粒手塩にかけた梅干しとお別れするのは、かわいい娘を嫁入りさせる父親の心境と同じです。

梅干し作りを始めて3年ほどたった頃、私の梅干しなどには興味がないと思っていた旦那様から、作った梅干しを持ってくるように言われました。渋々ながら、5粒ほど、出来のいいものを選んでお持ちしました。数の少なさに驚かれましたが、旦那様といえどもこれ以上はもったいなくて、差し上げられません。以来、毎年梅干しの季節になると「今年の梅干しはどないや」とおっしゃられるので、召し上がっていらっしゃるのだなと思っていました。

あるとき、塩のことを聞かれたので、焼塩にしてすり鉢で当たっていますと申し上げると、「ふーん」と一言。この焼塩も調理場で学んだことの一つです。同じ塩でもひと手間かけることで浸透圧に影響し、食材のうまみの引き出し方が変わってくるんです。旦那様は私の梅干しのまろやかな塩加減を気に入ってくださったようです。ご自分専用の梅壺を用意してくださったときは本当にうれしかったですね。

料理に関しては人一倍厳しい目をお持ちだった旦那様に認められた梅干しは、私にとっては勲章のようなもの。何物にも代え難い自信につながりました。

焼塩にすると舌を刺すような塩辛さがなくなり、柔らかな味になります。塩を熱するときは、弱火で蒸気をとばすように絶えず木べらで混ぜるのがコツです。

梅仕事をしているうちに
体調がどんどん
よくなっていく。
いつの間にか身体の冷えが取れ、
疲れ知らずになりました。

幻の杉田梅

杉田梅に出合ったとき、今までの梅は一体何だったんだろう？と思うくらいショックを受けました。梅仕事を始めてもう50年余りになりますが、もし杉田梅に出合わなかったら、これほど長く梅の仕事は続けていなかったと思います。

穂坂梅林の杉田梅は、横綱中の横綱

１９８５（昭和60）年に「辻留」を退社した私は、鎌倉の小町通りにある「味路喜《あじろぎ》」という和食店で責任者として働きながら梅仕事に励んでいました。世の中では大気汚染や排気ガス、地球温暖化などの環境問題が深刻になりつつあり、その影響は少しずつ梅にも出始めていました。

梅は表面にたくさんの産毛があり、水に入れると水泡の膜ができて美しい銀の玉のようになるのですが、脂性の汚れがつくと産毛がペタッとなり水泡ができなくなります。鎌倉の梅もだんだんこのような状態になってきたので、他の産地の梅を探し始めていました。そんなときある方に小田原は古くから梅の名所であり、空気も水もいい

新鮮な梅を水に放つと、梅の周りが水泡の膜に包まれます。この幻想的な現象は、空気がきれいな環境で育まれた梅だけに見られる奇跡です。

と教えていただき、小田原農協の方を紹介してもらいました。確かに小田原の梅を触っていると、クエン酸濃度の高い梅だけが持つ、ピリピリとするような独特の感触が手に伝わってきました。

小田原農協と直接取引を始めて2~3年たった頃だったと思います。その年、小田原農協から届いた梅の段ボールを開けてみると、梅の中にひときわ大きくて立派な梅が入っていたんです。手に取るとずっしりと重くて、プラムのように大きい。まさに横綱級の大きさでした。その見事さに驚き、すぐに農協の方に連絡を取り、これが幻の梅といわれていた杉田梅であることを初めて知りました。

その後、梅干しを作ってみてわかったのですが、杉田梅は果肉に硬さのバラつきがなく、全体的に柔らかい。大きくて柔らかいから塩の通りがよく、そのときの梅の熟度によりますが、普通は梅を漬けてから梅酢が上がるまで2~3日かかるところが、1日半~2日で上がります。そして、赤しそを入れたときの発色がとても鮮やかなんです。

私はこのとき、まだ40代。たまたま私のもとに迷い込んできた杉田という品種の梅に一目ぼれし、ちょっと大袈裟《げさ》な言い方をすれば、一生を捧げる仕事と出合うことができたのです。

横綱級の杉田梅は重さ50~70gの特別の品。手のひらにのせるとずっしりと重く、果肉もしっかりしています。

穂坂梅林とのご縁

杉田梅は、現在の横浜市磯子区の杉田地区に由来する、品種改良をされていない野《や》梅《ばい》系の貴重な梅です。実が大きいことから、小田原の方ではかつて「大梅」や「青梅」と呼ばれていて、江戸時代に作られた梅の番付にも記されていました。

農協の方のお話によると、野梅系の杉田梅は曽我別所でも古くから親しまれ、農家では代々、梅干しや梅肉エキス用の梅として珍重されていたといいます。というのは、クエン酸濃度が高いほど身体にいい効果が期待できるからです。その頃に一度調べてみたのですが、杉田梅のクエン酸濃度は約pH2・3と塩酸とほぼ同じだったんです。これは杉田梅にしかない数値で、梅干しにしたらかなり酸っぱい。でも、だからこそ、食の万能薬となってくれる力を持っていると思います。

杉田梅が幻といわれるようになったのは主に二つの理由があります。一つ目は、杉田梅は希少であり、生産量が少なかったからです。二つ目は、世の中に品種改良の食べやすい梅が出回ってきたからです。酸っぱくて一度では食べきれないほど大きく、皮が薄くて破れやすい杉田梅は商品としては扱いにくいという理由で人気がなくなり、市場から姿を消しました。多くの農家が、確実に売れてどんどん実をつける品種改良の梅の方を向き始め、杉田梅の木を伐採し始めました。地元の杉田梅の効能をよく知る農家の人たちでさえ、自分たち用の杉田梅の木を確保すると、それ以外は時流に沿った梅を育てるようになりました。

私の知る限り、梅本来の力を持つ杉田梅は秀逸の中の秀逸だと思います。毎年杉田梅で梅干しや梅肉エキスを作っていた私は、このままでは日本を代表する貴重な杉田梅がダメになってしまう、どうしたら守れるだろうか、とかなりの危機感を抱くようになりました。そのときの自分にすぐできることが植林活動でした。

当時は代官山で「延楽」という和食料理店を営んでいました。幸い北海道から九州まで、多くのお客様が来てくださっていたので、杉田梅に興味を持ってくださる方たちに手分けして育てていただけないかと考えました。そうすれば、杉田梅の木は全国に残り、梅の命は必ず続いていくのではないかと。この頃から杉田梅の植林を始めました。送料だけはいただいて苗木はプレゼントしていました。これは今でも変わりません。

小田原の梅林の方々には、収穫した実は私が引き取りますから、杉田梅を育ててください、と何軒もお願いをして歩きました。何があっても、杉田梅を幻にしてはいけない、という強い思いが私を突き動かしていました。

苗木は実生《みしょう》から育ったものもあれば、接木からのものもあります。昨年は２００本をご縁のあった方にお送りしました。

こうして、多くの方々のお力のおかげで、杉田梅が本当の幻になってしまうことは何とか免れることができたのです。

タクシー3台分の梅を積んで帰る

杉田梅に出合い、その魅力に取りつかれた私は、農協の方に、杉田梅を主力にしたいので梅林の持ち主と直接つないでほしいとお願いしました。ところが、ことは簡単に運ばず、農協を通じて毎年１００kg前後の杉田梅だけを分けていただくことになりました。

あるとき、仕事でお世話になった方ががんを患い、その方からサルノコシカケががんにいいということを教えてもらいました。梅肉エキスにサルノコシカケを入れると、病状を和らげる働きがあるかもしれないと話してくださいました。サルノコシカケは梅の古木に寄生しているものが極上ということは知っていましたので、またも農協の方頼みです。

新緑が終わる頃に、農協の方が案内してくださったのが、小田原の曽我別所にある杉田梅林でした。樹齢の古い杉田梅が多い梅林で、奥に進むとねじれた木の根元に立派なサルノコシカケがいくつも寄生していました。

木漏れ日が気持ちよくて、ふと梅の木を見上げると立派な杉田梅の実がなっていて、

穂坂梅林は富士山からの伏流水や風道を避け、枝が折れにくく大きな台風にも強いんです。すべてはご先祖様の知恵によるものだと思います。

あまりの大きさに桃かと思ったのを覚えています。そのことを農協の方に告げると、この場所こそが、私が毎年梅を分けていただいていた梅林だと教えてくれました。

梅林の持ち主は、穂坂さんとおっしゃる方でした。近隣の農家が、みかん栽培や神奈川県の推奨種である十郎の梅に転換していく中で、野梅系の杉田梅を大切にされていました。富士山の懐にあるその広大な梅林には古木が多く植えてありました。

念願の梅林を知ることができた私は梅を分けていただこうと、直談判しました。ところが、長老のお許しがいただけません。私は持久戦を覚悟することにしました。翌年から毎年、花の季節になると2～3回、穂坂梅林に通い続けました。長い年月をかけてようやく分けていただけることになったときはうれしくて、タクシー3台分もの梅を積んで帰りました。以来、穂坂梅林とのお付き合いは50年近くになります。

代々、農薬や化学肥料に頼らない栽培法を続けてきた穂坂梅林は、１２０種類ほどの雑草や土の中の微生物の力を借り、自然の循環を大切にしています。健康な大地の栄養をたっぷり吸収して育った穂坂梅林の杉田梅は樹齢１００年以上の古木が多く、極上の梅の実をつけます。

次世代に残すために

２０２１（令和3）年のある日、私はいつもより少し早めに穂坂梅林へ行きました。

１９９７（平成9）年6月に季節外れの台風が襲来し、梅が心配で早朝に誰よりも早く穂坂梅林へかけつけました。このとき、長老から「うちでは、落ちた梅は死んだ梅。枝についている生きている梅を助けなさい」とおしゃっていただきました。長年梅林に通い続け、初めて梅を採っていいというお許しをいただけました。

早朝の梅林は空気が澄んで、なんとも気持ちのいいものです。花が終わった梅の木には、たくさんの小さな命が宿ります。産毛に包まれた生まれたての梅の赤ちゃんを目を凝らして見ていると、背後から私の名前を呼ぶ声が聞こえました。振り向くと、そこには地下足袋を履いた穂坂宗大《もとお》さんの姿がありました。

宗大さんは穂坂家のご長男で、今はお勤めをされているとお母様からお聞きしておりました。あまりお目にかかることもなく過ぎておりましたが、このとき宗大さんが「母も乗松さんとほぼ同年で、梅林の仕事も体力的にも難しくなってくる頃でしょう。これからは私も手伝いたいので」とおっしゃってくださいました。「それはお母様も心強く、お喜びになりますね」とお答えし、余計なことだけれど、杉田梅のクエン酸がいかに身体によく、大切であるかを宗大さんにお伝えしました。

私も穂坂様もいよいよ次世代にバトンタッチをする時が来たんだな、と少し淋しく思いながらも、杉田の梅林の木々と頼りになる宗大さんに心の中で手を合わせたのでした。

右から、長年お世話になっている穂坂梅林のご長男の宗大さん、お母様の美智子さん、うちのスタッフの小野乗松、うちのスタッフの小野弘樹さん。若手2人には杉田梅を次世代へつなげる懸け橋となってほしいです。

代々、人間の手を
かけずに育まれた
穂坂さんの梅林と出合い、
そこでの四季の
移り変わりを通じて、
自然の営みの大切さを
教えていただきました。

梅酢を使った「ハレ」の日の食事
――春のちらし寿司はお花見の思い出

小さい頃からお花見といえば、ちらし寿司でした。私の地元・愛媛では旧暦の桃の節句の頃（現在の4月3日頃）に、子どもたちがお弁当を持って、お花見に行く習慣があります。そのとき欠かせなかったのが、子ども用の小さな手提げの三段重。うちは兄妹が多く、好みの食材もさまざまでしたが、忙しい母もこの日だけは時間をやりくりして、ごちそうを作ってくれました。

重箱の一段目は桜の花の形に抜いた寒天や蒸し菓子、二段目はたけのこやふき、鯛の子（スケソウダラの卵）などの煮もの、三段目はあなごやさいまきえびのちらし

寿司、という具合に、料理ができたらそれぞれが自分専用の重箱に詰め込んでいきます。
　桜の木の下で重箱を広げ、友だちのごちそうと交換しながらお花見を楽しみました。
　春先は物が傷みやすいので、母は梅酢や梅干しを天然の防腐剤代わりに使い、食中毒防止に役立てていました。
　大人になってからも、毎年春になるとちらし寿司を作ります。ちらし寿司を重箱に詰めていると、子どもの頃のお花見の思い出と、真っ赤な緋毛氈《ひもうせん》の上にお行儀よく並んでいたおひなさまの記憶が呼び起こされます。

［お花見ちらし寿司］

それぞれの具材を作り、寿司めしの上に彩りよく散らします。仕上げに、木の芽を散らし、紅しょうがの甘酢漬けを添えて完成です。

さいまきえび

材料（4人分）

さいまきえび　8尾

A
日本酒　300mℓ
梅酢（赤でも白でもよい）　20mℓ
みりん　100mℓ
しょうが（薄切り）　10枚
三温糖　大さじ1

作り方

① えびは背わたを串で取り除き、水洗いし、梅酢（分量外）をかけておく。
② 鍋にAを入れて中火にかけ、ひと煮立ちさせる。
③ 粗熱がとれたらえびを並べ、落としぶたをして中火で15〜20分煮る。
④ えびの皮をむく。

煮あなご

材料（4人分）

あなご（開いたもの・大）　2尾分

A
日本酒　300mℓ
梅酢（赤でも白でもよい）　20mℓ
みりん　100mℓ
しょうゆ　大さじ1

作り方

① あなごに梅酢（分量外）を適量ふり10分おく。熱湯をかけてぬめりを取る。
② 包丁の背であなごの皮をこそげる。
③ 鍋にAを入れて中火にかけ、ひと煮立ちさせる。
④ 粗熱がとれたらあなごを並べ、落としぶたをして中火で8分煮る。落としぶたを取り、煮汁があめ状になるまで弱火で煮詰める。冷めたら長さ5cmに切る。

ふき

材料（4人分）

ふき　200g
水　ふきがひたひたになるくらいの量
梅酢（赤でも白でもよい）　大さじ1

A
昆布だし　300mℓ
梅酢（赤でも白でもよい）　20mℓ
みりん　大さじ2
白だし　大さじ2

作り方

① ふきに梅酢（分量外）をかけ、まな板の上で板ずりをする。
② 鍋に水を入れて沸かし、梅酢大さじ1を入れる。ふきを入れ中火で1分ゆでて引き上げる。
③ 粗熱がとれたら筋を取り除き、長さ3〜5cmに切る。
④ 鍋にAを入れて中火にかけ、ひと煮立ちさせる。ふきを入れ、火が通ったら引き上げる。

しいたけ

材料（4人分）

干ししいたけ　8枚
白湯　600mℓ
A　みりん　150mℓ
　梅酢（赤でも白でもよい）　大さじ1
　三温糖　適量

作り方

① しいたけは人肌に冷ました白湯に10時間つける。
② しいたけを鍋に入れ、落としぶたをして、弱めの中火で柔らかくなるまで煮る。
③ 鍋にAを加え、弱火で煮始め、やや火を強めてじっくり煮る。粗熱がとれたら薄く切る。

たけのこ

材料（4人分）

たけのこ（水煮）　200g
A　昆布だし　300mℓ
　梅酢（赤でも白でもよい）　20mℓ
　みりん　大さじ2
　白だし　大さじ2

作り方

① たけのこは薄く切る。
② 鍋にAを入れ中火にかける。ひと煮立ちしたらたけのこを入れ、弱火で5分煮る。火を止め、冷めるまで汁につけておく。

寿司めし

材料（4人分）

白米　2合分
A　梅酢（赤でも白でもよい）　大さじ1
　純米酢　大さじ3
　砂糖　大さじ3

作り方

① 白米を炊き、飯台などに入れる。
② 鍋にAを入れ中火にかける。沸騰したら火を止める。
③ ご飯が熱いうちに②を回しかけ、しゃもじで切るように混ぜ合わせる。

［せりとうどの小鉢］

せりの煮びたし

材料（4人分）

せり　2束
梅酢（赤でも白でもよい）　適量
A｜昆布だし　50mℓ
　｜薄口しょうゆ　適量
　｜梅酢（赤でも白でもよい）　少量

作り方

① せりは根を切る。鍋に湯（分量外）を沸かし、梅酢を入れる。せりを入れ中火でさっとゆでる。
② せりを冷水に取り、長さ4cmに切り水けを絞る。
③ ボウルにせりとAを入れ、あえる。

うどの梅酢あえ

材料（4人分）

うど　1本
水（アク抜き用）　500〜600mℓ
梅酢（赤でも白でもよい。アク抜き用）　小さじ1
水（ゆでる用）　500〜600mℓ
梅酢（赤でも白でもよい。ゆでる用）　小さじ1
A｜梅酢（赤でも白でもよい）　小さじ2〜3
　｜純米酢　大さじ2
　｜みりん　大さじ2

作り方

① うどは厚めに皮をむき、長さ4cm、幅1cmに切る。ボウルにアク抜き用の水と梅酢を入れる。うどを入れ5分つけてアクを抜く。
② 鍋に水を入れて沸かし梅酢を入れる。うどを入れ中火でさっとゆでる。
③ ボウルにうどとAを入れ、あえる。

はまぐりのお吸い物

材料（3人分）
はまぐり　3個
塩（砂抜き用）　適量
日本酒　はまぐりが7割浸るくらいの量
昆布だし　500㎖
薄口しょうゆ　小さじ1
梅酢（赤でも白でもよい）　小さじ1
木の芽　適量

作り方
① はまぐりは塩を入れた水（分量外）で砂出しをし、閉じ目のところをよく洗う。
② 鍋に日本酒を入れて煮切り、粗熱がとれたらはまぐりと昆布だしを入れ、中火で沸騰しない程度に煮立たせる。はまぐりが開いたら取り出し、火を止める。
③ ボウルにザルとガーゼを重ね、②をこす。
④ 鍋に③を戻し中火にかけ、薄口しょうゆと梅酢を加え煮立たせる。
⑤ はまぐりをお椀《わん》に入れ、④を注ぎ、木の芽を飾る。

いちごと青梅のコンポートと梅ゼリー

材料（4人分）

板ゼラチン　15g
梅ジュース（P81）（a）　150mℓ
水　300mℓ
いちご　12粒
梅ジュースの梅　16粒
梅ジュース（P81）（b）　適量

作り方

① 板ゼラチンはたっぷりの冷水（分量外）に入れ、ふやかしておく。
② 鍋に梅ジュース（a）と水を入れて中火にかける。沸騰したら火を止める。
③ ②によく絞った板ゼラチンを入れ、溶けたら器に移し、冷蔵庫に入れて冷やす。固まったらサイコロ状に切る。
④ 器に③のゼリー、いちご、梅ジュースの梅を盛り付け、梅ジュース（b）を適量注ぐ。

これはごく一部ですが、我が家にある秘蔵の梅の数々です。

① 梅人生の原点になった100余年前の梅干し。
② 種の中の天仁様は滋養強壮に効きます。
③ 500年前の梅干し。
④ 未成熟な梅も研究用に保存しています。
⑤ 中国、ラオス、イタリアなどの世界各地の梅。
⑥ 5年漬けの梅干し。
⑦ 梅花で香りづけした梅酒。

第3章

夏のこと

初夏から盛夏にかけては、梅仕事の最盛期。
乗松さんの凛《りん》とした声が響き渡り、
梅の芳しい香りとともに仕事場は活気に包まれます。
梅に含まれるクエン酸の働き、
秘伝の梅干し作り、梅肉エキスや梅酒の作り方、
梅酢の活用法をお伝えいただきます。

梅仕事の始まり

5月下旬、梅林から青梅が届き始めるといよいよ梅仕事の始まりです。真っ先に取りかかるのは梅の選別です。一粒一粒の梅の色や重さ、大きさを見て、梅干しや梅肉エキス、梅ジュース、梅酒などの用途に振り分けていきます。梅の命を受け継ぐ者としては、この作業は子どもの将来を決めてしまうくらい責任が重い作業です。というのは、最初の選別を間違えてしまうと、梅の持つ力を100％活かし切ることができないからです。私は毎回梅を手に取り、自分の意思ではなく、梅にどうしてほしいか聞きながら選別していきます。

集中力もさることながら、梅の重さで腕も大いに疲れます。杉田梅の実1粒は45〜60gとしても、100粒を選別したら結構な量の梅を持ったことになります。私は2時間で100kgほどの梅を選別しますから、半日選別したら、相当な労働になるわけです。その中でも秀逸の梅となると、わずか20kgほどしかありません。さらにその中から1粒80gほどの大きい梅を「親梅」として選び、梅の神様へ捧げます。これを、仕込んだ梅酒の瓶や梅干しの壺の一番上に1粒ずつ置き、「おいしい梅になりますよ

この時季は毎朝、梅林から梅が届きます。新鮮な梅から発せられるエネルギーは強く、手に乗せるとパワーをもらえます。

うに」と手を合わせてふたを閉めるのです。

梅から学ぶ地球環境

雨が降り続く梅雨の頃、梅はその雨を恵みとして受け止め大きく育ちます。梅には空気を浄化する波動のような力があるように思います。

漬ける、寝かす、干すという梅仕事のそれぞれの作業が、日本の風土とぴたりと合致しているのは実に見事です。ところが、この自然界のリズムも温暖化の影響で、梅仕事とのズレが年々大きくなってきています。そんな中でも野梅系の杉田梅は、温暖化の影響を受けにくく、本来の時期に花を咲かせ、準備を整えてから梅の実を結びます。毎年、その賢さには感心させられます。

梅は年によって豊作だったり、不作だったり、あるいは病気が多かったりします。人間がコントロールできない自然の聖域で育まれる梅は、今の地球環境を映す一つの鏡だと思っています。私自身もそうでしたが、梅仕事を始めると「今年の梅はどうだろう」「土用の頃は晴天が続くだろうか」といつの間にか自然と向き合うようになります。エネルギーの無駄遣いやゴミを減らし、環境のことを考えるようになります。

梅仕事を通じて自然の偉大さ、自然の中で生かされていることのありがたさなど、さまざまな気づきを得て、学ばせてもらっています。

疲れたときには、梅の古木から励みになる力をいただき、その爽やかな香りからは心を軽やかにする力をいただいています。

梅の命はクエン酸

梅の健康効果が期待できるのは、思い浮かべただけで唾液が出てくるような昔ながらの酸っぱい梅です。梅の酸味の正体はクエン酸。特に杉田梅はクエン酸が豊富に含まれているといわれています。クエン酸については、私も文献を調べたり専門家の方に話を聞いたりして、長年自分なりに研究してまいりました。この本を作るにあたって、一般社団法人・腸活環境育成協会理事で医学博士の神谷仁先生にクエン酸の効果についてお話を伺いましたので、ここでご紹介させていただきます。

クエン酸の四つの効果

1　血流と血圧の改善

腸は身体に必要なものを取り入れ、不要なものは排出する臓器です。腸管を強くするには、栄養バランスのいい食事や運動、十分な睡眠が大切ですが、相互関係で血行を良くすることが健康の絶対条件となります。梅に含まれるクエン酸や梅肉エキス特有の成分、ムメフラールは血栓を予防し、血流を改善することで血圧を安定させる可能性があり、腸にもよい影響を与えてくれます。

2　代謝の促進と疲労回復

私たちの身体には、「クエン酸回路」という仕組みがあります。これは食事から取った糖やタンパク質、脂質などを分解し、クエン酸などによって酸に変換しながらエネルギーを生産する仕組みです。梅製品を食べるとクエン酸が補給され、クエン酸回路の働きが活発になります。クエン酸を毎日の生活に取り入れることで、エネルギーをより効率的に作ることができ、疲れにくい身体になっていくと考えられます。

3　消化を助ける

消化は口腔や胃、腸管とそれぞれが役割を担って行われます。梅の酸味は唾液を促進し、食べたものを飲み込みやすくします。クエン酸は胃酸の分泌を促し、胃の中の酸度を保つことでタンパク質の消化を助け、腸での消化の負担を少なくしてくれます。

4　制菌・抗菌効果で食中毒予防

昔からお弁当やおにぎりの具には梅干しが定番です。梅干しのクエン酸には微生物の増殖を防ぐ抗菌作用があり、黄色ブドウ球菌や病原性大腸菌O－157、サルモネラ菌などによる食中毒を予防してくれます。夏は梅酢をご飯に混ぜて炊くと、

お弁当などの食中毒予防には、お米1合につきシュガースプーン2杯の赤梅酢を混ぜて炊きます。ご飯に色はつかず、甘みが引き立ち塩味もほとんど感じません。

梅干しとのダブルパワーで効果が高まります。

これらのことを知ると、日本人が古来より梅酢や梅干しを摂取してきたことは、理にかなっている習慣だったとわかります。

神谷先生は、「腸は植物でいうと根にあたります。小田原の梅林で昆虫の死骸や動物の糞なども取り入れることで何百年も自然の生態系を保ってきた土には、多様な微生物が存在し、杉田梅の成長を支えてきました。私たち人間も、健康の要となる腸が喜ぶ食事や規則正しい生活を送り、身体の内側から整えていくことが大切です」とおっしゃいました。

今回のお話から、人間の臓器の中で腸の大切さを改めて実感しました。腸は人間の身体の中でいちばん最初に作られる臓器だそうです。今後は、梅のクエン酸が腸にどう働きかけるかを意識しながら製品作りをしていきたいと思います。

身体を健康に保つ梅の働き

さて、梅にはクエン酸のほかにも私たちの身体を健康に保つさまざまな成分があります。いささか化学めいた話になりますが、一般的にいわれる梅の働きをご紹介します。

梅に含まれるエポキシリオニレシノールはインフルエンザウイルスの増殖を防ぎ、

梅リグナンの一種、シリンガレシノールにはピロリ菌の運動を抑制する効果があるといわれています。また、花粉症のアレルギー反応を引き起こすヒスタミンの分泌を抑える働きも期待できるとされています。

健康には血液や体液を弱アルカリ性に保つことが大切ですが、肉が中心の現代人の食事や飲酒は、身体を酸性に傾きやすくします。これを予防してくれるのが梅や野菜などのアルカリ性食品です。たとえば、牛肉１００gを食べたら、梅干し約2分の１粒（5g）で中和できるといわれています。

最近の研究によって、梅干しに含まれる香り成分バニリンには、脂肪を燃焼させる働きがあることがわかってきました。梅干しをフライパンや電子レンジで加熱すると、その働きが約20％増加します。冷めても効果は変わらないので、焼梅干しを作り置きしておいて、毎朝白湯に入れて飲むといいでしょう。

一日一粒の梅干し習慣

梅の実は奈良時代に漢方薬の「烏梅《うばい》」（青梅を薫製にしたもの）として、中国から伝来し、風邪や胃腸の薬として用いられました。平安時代の日本最古の医学書『医心方』にも、梅干しの効能についての記述が残っています。戦国時代になると梅干しは栄養や保存、携帯に優れていることから野戦糧食の必需品になりました。当時の梅干しは１００年

実践しやすい一日一粒の梅習慣。番茶や白湯に梅干しを入れて飲むと身体が温まり、風邪の予防にもなります。

持たせるために、塩分は50％だったそうです。

梅干しが庶民の食卓に上がるようになったのは、江戸時代に入ってから。この頃から梅の木の栽培が盛んになり、町に梅干し売りも現れるようになりました。コレラが流行したときも、梅干しの抗菌作用が役に立ったといわれています。

災害時に命を守る梅干し

外国の方は梅干しを見ても唾液が出てこないそうですね。それは、梅干しの酸っぱさを知らないから。昔ながらの梅干しを知らない昨今の若い人たちも同じような傾向にあるとしたら、それは日本人として残念なことだと思います。

私が目指しているのは災害時に命を守り、常温で１００年先まで生き続ける梅干しを作ること。添加物や冷蔵庫に頼らない昔ながらの梅干しには、抗菌作用のある唾液の分泌を促進し、口内細菌を抑え、消化機能を整える働きがあります。特に災害時には、梅干しのこうした働きが人の命を支えてくれます。ですから私は、減塩がよしとされる時代でも塩分18～20％の梅干し作りは譲れないのです。人間に必要な塩分を多く含み、健康な身体を維持する梅干しの働きは、農林水産省でも認められています。

梅に塩分をしっかり入れることで種の中の仁が刺激され、果肉のうまみも増します。

梅干しは口が曲がるほど、酸っぱいものがいいと思っています。私の梅干しは大きいので、1粒を2～3日に分けて食べています。梅の中の仁も必ずお召し上がりください。

私が目指しているのは
災害時に命を守り、
１００年先まで
生き続ける
「梅干しの王様」と
いわれるような梅干しを作ること。

秘伝の梅干し作り

私の梅干し作りは気象状況や環境の変化を考慮し、毎年少しずつ更新しています。最近の梅の汚れは水洗いだけでは取れないので、ぬるめの湯やホワイトリカーを使います。塩をまぶすときは手で圧をかけ、焼塩で漬けて塩味をまろやかにします。地球温暖化により梅の干し方も変えています。ここでは試行錯誤を繰り返しながらたどり着いた、私の梅干し作りをお伝えしましょう。

5kgの梅で塩分18％の梅干しを作る

用意するもの

壺などの保存容器（梅を漬ける用。10〜15ℓ目安）
ようじまたは竹串

材料

完熟梅（無農薬や減農薬のもの）　5kg
粗塩（または、岩塩や梅塩［P126］）　900g（梅の重量の18％）

レシピの分量について

気象状況やお住まいになられている場所、お使いになる梅、塩や砂糖などにより、梅製品の仕上がりや持ちは変わってきます。私はクエン酸濃度が高く、傷みにくい杉田梅を使っておりますが、他の品種の梅をお使いになるときは、ご自身で調味料の分量などは加減してください。

昔から、真っ赤な梅干しが好きです。無農薬の赤しそをたっぷり使った梅干しは香りも高く、普段からよくいただいています。

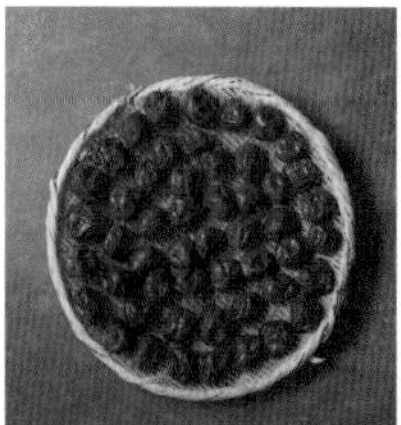

＊ミネラルやにがりを含む塩を2〜3種ブレンドしてもよい。
ホワイトリカー（アルコール度数35度。梅の洗浄用）　1・8ℓ
ホワイトリカー（アルコール度数35度。保存容器の消毒用）
スプレーで容器全体に行きわたるくらいの量（100㎖目安）
赤しそ（できれば、無農薬や減農薬の赤ちりめんしその葉）　500g／塩（赤しそ用）　適量

下準備

① 梅を洗う

梅をボウルなどに入れ、傷つけないように40℃くらいの湯を流しながらよく洗う。

＊ここでは青梅を使っています。洗い方は青梅も完熟梅も同じです。

② ホワイトリカーで洗う

湯では取れない脂性の汚れはホワイトリカーで落とす。軽く水けを切った梅をホワイトリカーを入れた器に移し、梅を揺らすか手で転がしながら数回に分けて洗い、軽く乾かす。

③ ヘタを取る

ようじや竹串を使い、梅の実のヘタを丁寧に取る。

＊下準備①〜③は梅肉エキス（P076）、梅酒（P078）、梅ジュース（P081）、梅ジャム（P147）の作り方でも共通です。

作り方

① 焼塩を作る

土鍋などに粗塩を入れ、弱火で熱しながら混ぜる。サラッとしたらペーパータオルや和紙に広げ冷ます。焼塩にすると塩味がマイルドになり、梅酢の上がりが早くなる。

② 塩をまぶす

容器の内側にホワイトリカーを吹き付け消毒する。焼塩4分の3と梅をバットなどに入れる。梅を1粒ずつ手に取り、手のひらで軽く圧をかけ、柔らかくして塩をまぶす。

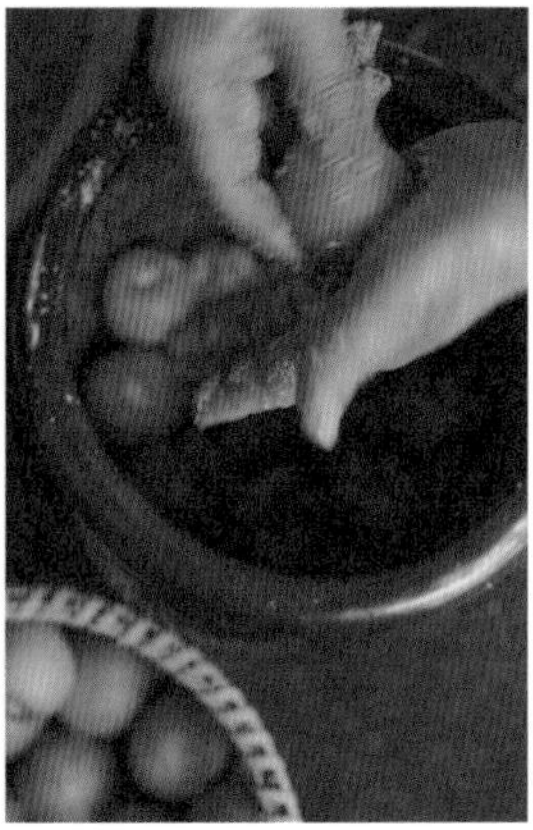

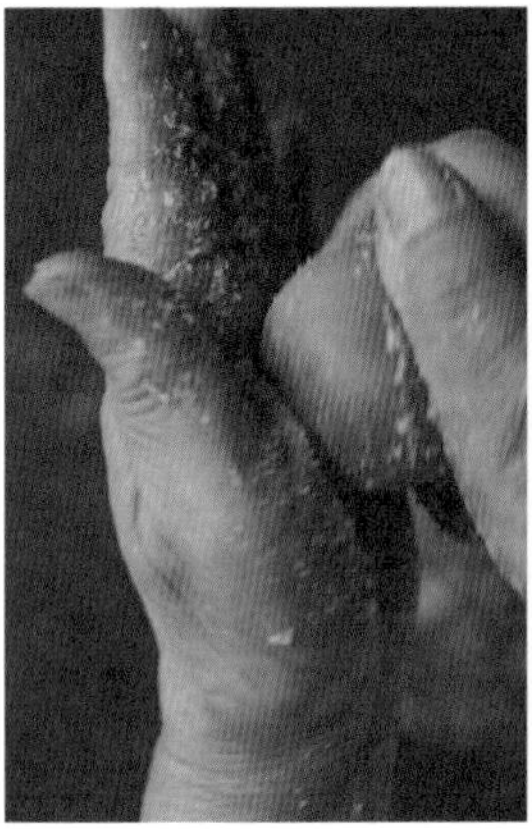

③ ヘタ跡に塩を詰める

ヘタ跡の穴に焼塩を詰めることで、塩のしみ込みと梅酢の上がりが早くなる。容器に入れるときは、ヘタ跡を上にし梅を2段重ね、塩をひとふりする。これを繰り返す。

④

梅を漬ける

一番上の梅を②の残りの焼塩で覆う。ラップをかぶせ、落としぶたをする。その上に3〜4kgのペットボトルなどをのせ、重しをする。5日〜1週間ほどで落としぶたから白梅酢が上がってくる。ここで重しを半量にする。白漬けの場合は、このまま梅雨明けを待つ。上がってきた白梅酢60㎖を取りおく。

⑤

赤しそを仕込む

梅を漬けてから2週間後に赤しそを仕込む。ぬるま湯で洗ったしその葉をバットなどに入れ、ひと握りの塩を全体にふりまぶし、30分おく。その後、優しく揉み、アクが出てきたらしっかり揉み、絞る。汁は捨てる。

⑥

揉む

2回目は、ひと握り弱の塩をふり、柔らかくなるまでしっかり揉み、固く絞る。この汁は漬物などに使えるので、取っておく。

⑦

赤梅酢を取る

塩揉みした赤しそに④で取りおいた白梅酢の半量30㎖をかける。アントシアニンの働きで、しそが鮮やかな赤紫色になる。しそを揉み、絞り、残りの白梅酢30㎖をかけて、さらに揉む。この汁が赤梅酢となる。料理などに使えるので取っておく。

⑧

赤しそを入れ、漬ける

梅を漬けた容器を斜めにして左右にひと回りずつ動かし、塩の濃度を均一にする。上がってきた白梅酢は梅がかぶるくらいを残し、清潔な容器に入れて保存する。梅と白梅酢を容器から出す。しそ、梅、しその順で容器に入れ、白梅酢をひたひたに注ぐ。空気に触れないようにラップで覆い、ふたをする。日陰や冷暗所に置き、週に一度容器を揺らす。

＊中の様子がわかるように、ここでは透明のガラス瓶に入れています。

⑨

梅の土用干し

夏の土用の晴天続きの日を見計らい、容器から梅としそを出して天日に干す。三日三晩は外で干し、夜露に当てる。梅はヘタを上に向けると早く乾く。1日目は7～9時までに干し、14～15時、18時に梅の天地を返す。2日目、3日目も同様にする。3日目は15時までに梅としそをあげて容器に戻す。梅の表面に粒子状の塩がつけば完成。常温で保存する。三日三晩が難しければできる範囲でよい。

塩のこと

梅を長生きさせるのは塩なんです。ですから梅と同じくらい塩選びも大事です。私は粗塩や岩塩などのミネラルやにがりが豊富なもの、それにパウダー状の自然塩を2、3種類ほどブレンドし、焼塩にしてからすり鉢で当たり、茶こしでこしたものを使っています。こうすると、舌を刺すような塩の辛さがなくなります。特ににがりを含んだ自然塩は、梅干しが熟成していく過程でうまみが増し、澄んだ味を引き出してくれます。あとでご紹介する梅酢に漬けた梅塩（p126）を使うのも一興です。

赤しそのこと

赤梅酢を取るとき、赤しそのアントシアニンと梅のクエン酸が混ざり合うと、パッと発色し鮮やかな赤紫色になります。この瞬間も私の梅仕事の楽しみの一つです。赤しそは何軒も農家をあたり、発色がよかったところから取り寄せています。一番葉と呼ばれる朝摘みの柔らかい葉は、アクも少なく溶け込むように梅になじみ、真紅に染め上げます。この美しい赤はクエン酸の多い杉田梅だからこそなせる業。しその量を増やせばいいというものではありません。

葉全体が縮れたちりめんしそ。特に柔らかい一番葉はクエン酸に溶けてドロドロになり、梅を美しく染め上げます。

梅を干すときの流儀

梅干し作りで一番気を使うのは、三日三晩の天日干しです。これはもう、お天気とのにらみ合いで人間の力ではどうすることもできない領域です。夏の土用を目安に3～4日間、快晴が続くときを見計らって干しにかかります。

初日は、朝日が昇ってくる時間がベストですが、遅くとも朝7～9時までには干しましょう。梅干しはヘタを上に向け、親指、人さし指と中指、薬指でキュッとひねりながら、魂を込める気持ちで並べていきます。こうすると梅が乾きやすくなるうえに、凛《りん》としてお行儀よくきれいに並びます。天地返し（梅の上下を返すこと）のときは一粒一粒がとてもいとおしく思え、小さい子もスターになれますように、と願いながら梅の向きを変えていきます。三日三晩の天日干しは、梅干しの風味を決定する最も重要な作業です。

梅のうまみと柔らかさを引き出すには夜露が必要なので、私は3日間、夜も外に出したままにしています。でも、最近は気候が変わってきていますでしょう。突然雨が降ることもあるので、すぐに対応できるようにビニールシートなどを側に用意しておくと安心です。万一梅が雨にあたってしまったときは、いったん梅酢に戻し、天候を見計らって干し直してください。

梅はただ並べるのではなく勘所を押さえて干すと、赤ちゃんのお尻のようにふんわりと仕上がります。

梅仕事のご褒美

うちは長年、鎌倉の高台にある山中に近い土地を借りて梅を干しているのですが、木々の茂り方や土の湿度、寒暖差などが梅干し作りに最高の環境です。梅を干して3日目の朝3〜4時頃、表面に美しい夜露をまといルビーのような輝きを放ちます。この幻想的な光景はわずか数分しか見られない、梅の神様からのご褒美だと思っています。あまりの美しさに、何度となくライトを照らして見入ってしまいます。この瞬間は何度見ても飽きることがありません。

いよいよ干し上がり、クライマックスに近づくと梅の表面にぐっとシワが寄り、キラキラとした塩の花のような結晶が現れます。この塩の花が極上の梅干しに仕上がった証しです。一粒口に入れてみると、フレッシュな塩味の中にジューシーな酸味が広がります。この清々しい味わいは、炎天下で天地返しをしているときに、サーッと通り抜ける谷風が暑さや疲れを吹き飛ばしてくれる爽やかさと似ています。梅に癒やされ、自然に癒やされ、心が豊かになっていくのも梅仕事の醍醐味です。

できた梅干しはすぐに食べられますが、3年待つとさらに塩味がまろやかになってうまみが増し、極上の梅干しに仕上がります。残った赤梅酢は1〜2日太陽に当てて清潔な器に入れて保存します。

夜明け前の暗いうちに梅の状態を確認し、天地返しなどを行います。集中して見るので、汗が吹き出してきます。

梅の一粒一粒に露がつき、梅そのものが発光しているように見える神秘的な瞬間です。

健康のお守り、梅肉エキスの力

「梅を食うとも実食《さね》うな」という昔からの言い伝えがございますね。これは毒性のある青酸配糖体という化合物が青梅の種の仁に多く含まれているからです。ところが、ある文献によると、塩や砂糖、お酒に漬け込んだり加熱したりすることで青酸配糖体の毒性が消失し、人間の身体にいいアルカリ性食品に変わるといいます。

青梅を煮詰めて作る梅肉エキスは、まさに青酸配糖体の塊。最初はサラサラだった青梅の果汁が、煮詰めるほどに粘っこい琥珀《こはく》色のエキスになり、マグマのようにブクブクと泡立ってきます。最後は水蒸気がパーッと上がって、毒が良薬として生まれ変わる。その激変が驚愕《きょうがく》でしたね。でも、その激しさが余りにもドラマティックで、どうにも目が離せず惹《ひ》かれるんです。この青酸配糖体のドラマが今日まで梅仕事を続けるエネルギー源になっているのだと思います。

私は毎年青梅が採れると、すぐに食品分析センターでクエン酸濃度を検査してから梅肉エキスを作ります。クエン酸濃度が低い梅では健康効果が期待できないからです。私が作る梅肉エキスはとろ火で長時間煮詰めて仕上げます。仕上がる直前に立ち上る

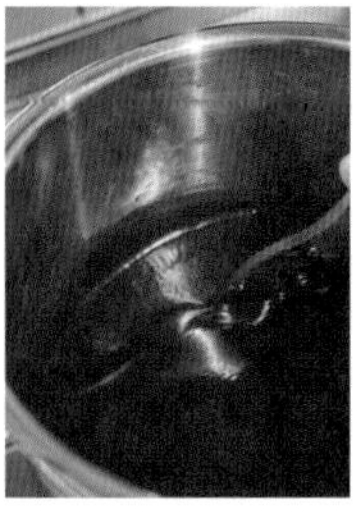

梅肉エキスは江戸時代から伝わる万能薬。疲労回復や整腸作用、食べ過ぎにいいとされています。

水蒸気はなんとも言えない辛味と渋味があり、目にしみて涙がボロボロと出てきます。でも、不思議なことにしばらくすると身体がポカポカしてきてシャキッと元気になります。最初の頃は咳《せ》き込むこともあり、逃げ出したいくらいきつかったのですが、今ではこの瞬間が待ち遠しくてたまりません。

1kgの梅からわずか8g

青梅を煮詰めていると必ず窓の外に蜂がやってきます。あるときは網戸に蜂が3cmもの層になって止まっていて恐ろしくなりました。梅肉エキスの香りには蜂を引き寄せる何かがあるのでしょうね。

ひたすら鍋をかき混ぜながら作る梅肉エキスは、1kgの梅からわずか8gしかとれません。よく電子レンジで作れば簡単なのに、とおっしゃる方もいらっしゃいますが、梅肉エキス作りは私にとって、祈りであり瞑想のようなもの。青梅が持つ青酸配糖体の特性を人間の身体にどう活かしていくかをイメージしながら、じっくりと手間暇をかけて作るのが好きなのです。

ほら、このお尻を見てください。梅肉エキスの作り過ぎである日突然、お尻の筋肉がポコッと飛び出しちゃったんです。ほどなく左側のお尻は元に戻りましたが、軸足側の右のお尻はそのままです。一種の職業病ですね。

煮詰めることでマグマのようにブクブクしてきます。熱によってクエン酸と糖の一部が結合し、ムメフラールという成分が発生します。生の梅にはないこの成分には血流改善などの働きがあり、近年注目されています。

梅肉エキスはもう40年ほど作り続けています。2〜3年たった頃から愛飲者からうれしい声が届き始め、私も習慣的に飲むようになりました。それまでは生産が追いつかず、自分の分はつい後回しだったんです。なるほど、飲んでしばらくたつと、疲れを感じにくくなりましたし、身体の巡りがよくなり冷え性が改善された気がします。

人様の健康のお守りとしての意識を持って作り始めたのは、1990（平成2）年頃でした。当時、私は梅の料理本を制作中でしたが、編集担当の方が乳がんを患っていたんです。その方からの注文で、サルノコシカケ入り梅肉エキスを作ろうと思ったんですね。サルノコシカケは梅の木から出ている天然のものを細かく刻んで煮出すのですが、その苦さは想像以上。少し飲みやすくしたいと思い、ふと蜂のことを思い出して、蜂蜜を入れて作ったら飲みやすくなり、化学療法も功を奏したのか、その方は海外旅行へ行けるほど元気になりました。友人だった女優の樹木希林さんも乳がんのあとの滋養強壮として、梅肉エキスを10年以上も飲み続けてくださいました。

ご自分の命を見守っていらっしゃる方々の反応は敏感です。二世代にわたって飲んでくださっている方も多く、なくてはならないもの、とおっしゃるので、私も誠心誠意作らせていただいています。最近は梅肉エキス作りの技術を継承し、残していくことを使命のように感じています。

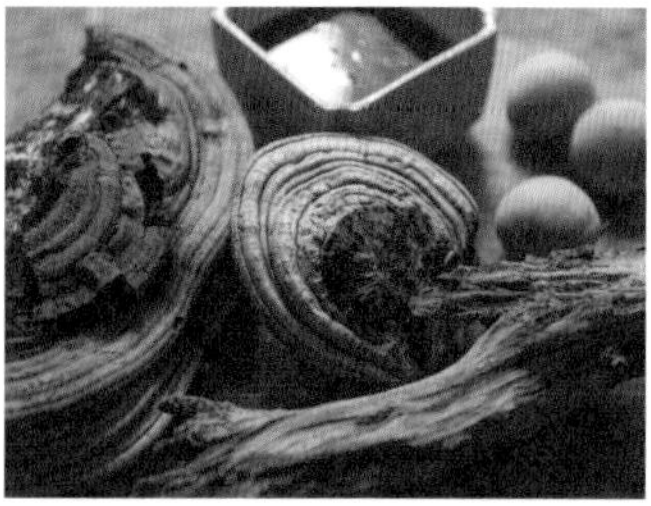

サルノコシカケは梅の古木に寄生しているので、梅との相性がいいと考え、相乗効果を祈りながら作ったのがサルノコシカケ入り梅肉エキスです。

大事なのは梅の持つ特性を、
人間の身体にどう活かして
食べるかってことなんでしょうね。
ただ食べればいいってものではなくてね。

梅肉エキスの作り方

梅肉エキスは休ませると液状に戻ります。火入れと中休みを繰り返すことで、粘りの強い濃厚なエキスになります。

3kgの青梅で24gの梅肉エキスを作る

用意するもの

保存瓶（40mℓ目安）
陶器またはセラミックのおろし器
木綿の布
琺瑯《ほうろう》または頑丈なステンレスの鍋
木べら（竹製や金属製のへらは避ける）
ビニール手袋（肌の弱い人用）

材料

青梅（無農薬や減農薬のもの）　3kg
ホワイトリカー（アルコール度数35度。梅の洗浄用）　1ℓ
ホワイトリカー（アルコール度数35度。保存瓶の消毒用）
　スプレーで瓶全体に行きわたるくらいの量（20mℓ目安）

下準備

秘伝の梅干し作り（P065①〜③）と同じ。

作り方

① **果汁を取る**（1日目）
必要に応じてビニール手袋をする。青梅の果肉をすりおろす。すりおろした果肉を木綿の布に取って、固く絞る。

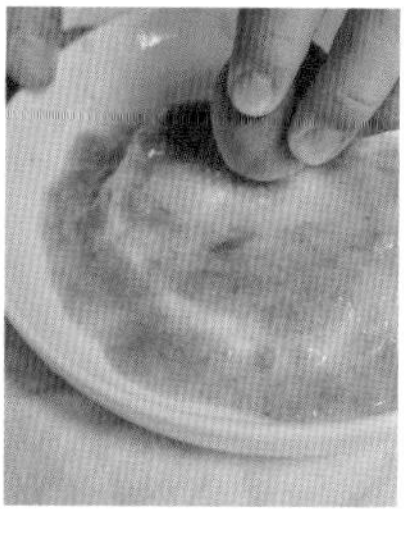

② **火にかける**（1日目）
絞り汁と種を鍋に入れ、弱火にかける。蒸気が立ち始めたら中火にする。煮立ってきたら、強火にし、焦げ付きを防ぎながら木べらで混ぜ、10分間火を入れる。泡は取らない。弱火にし、鍋の内側につく汁をまめに木べらで落として焦げ付かないようにしながら2時間半煮詰める。

③ **煮詰める**（2日目）
2回目の火入れをする。鍋を弱火にかけ、木べらで絶えず鍋底を混ぜる。蒸気が上がってきたら、中火にし5分煮詰める。弱火に戻し、2時間ほど煮詰める。

④ **中休み**（3日目）

⑤ **煮詰める**（4日目）
3回目の火入れをする。鍋を弱火にかける。30分煮詰めたら、やや強火にし2時間煮詰める。粘りが出てくるので焦げ付かないように鍋底をしっかり混ぜる。

⑥ **中休み**（5日目）

⑦ **仕上げの火入れ**（6日目）
鍋を弱火にかける。全体が盛り上がってくる気配がしたら火を止める。種を取り除いた梅肉エキスをホワイトリカーで消毒した保存瓶に入れ、常温で保存する。鍋肌に残った梅肉エキスは白湯を入れていただく。

初心者でもできる梅酒作り

梅を洗ってホワイトリカーに漬けるだけの梅酒は、梅仕事を初めてする方や忙しい方にもおすすめです。秋頃から飲めますが、飲み頃はクリスマスあたりです。年を重ねるとさらに深みが増し、まろやかな味わいになります。お祝い事や記念の行事がある年や、お子様の成人式を目指して親子や家族で漬けるのもいいでしょう。

翌年、春に香りのいい梅の花が手に入れば、適量入れると風味が増して華やかになります。

1kgの青梅で1ℓの無糖の梅酒を作る

無糖で作る梅酒は料理にも合わせやすく、青梅の爽やかな香りとすっきりとした飲み口が楽しめます。私は瓶に入れたままにして、ほんのりとした苦味やコク、香りを楽しみます。

甘味のない梅酒は、ホワイトリカーにリキュールを加えたり、ブランデーを使ったりしてもおいしくなります。梅ジュース（P081）や、シャンパンと合わせてもいいでしょう。

用意するもの

保存瓶（1・5ℓ用）

材料

青梅（無農薬や減農薬のもの）　1kg

ホワイトリカー（アルコール度数35度。梅の洗浄用）　500㎖

ホワイトリカー（アルコール度数35度。保存瓶の消毒用）

スプレーで瓶全体に行きわたるくらいの量（100㎖目安）

ホワイトリカー（ブランデーでもよい）　1ℓ

梅ジュース（甘さを加えたい場合。P081）　500㎖

白い梅の花　適量

下準備

秘伝の梅干し作り（P065①〜③）と同じ。

作り方

① ホワイトリカーで保存瓶を消毒する。

② 清潔な保存瓶に青梅を入れ、ホワイトリカー1ℓを注ぐ。

③ すっきりとした爽やかな味が好みなら、秋口に梅を取り出す。梅ジュースと合わせる場合は、瓶に入れて3か月以降にホワイトリカーを半分減らし、梅ジュースを注ぐ。

④ 白い梅の花をがくから先を摘み取り、ホワイトリカー（分量外）を全体に吹き付け、ザルにとって水けを切る。梅酒を漬けている瓶に入れ、清潔な箸で静かに混ぜる。3年以上保存すると格別な味わいになる。

ロックフェスで人気の梅ジュース

音楽系の出版社、ロッキング・オン・ジャパンが主催するロック・フェスティバルには、代表取締役を務める渋谷陽一さんとのご縁で出店させていただいてきました。なぜ、梅干し屋さんが出店を？と思うでしょう。過酷な夏のロック・フェスティバルに抗菌作用と夏バテ予防効果のある梅干しを、ということから声をかけていただき、梅干しや梅製品を使ったメニューをご用意させていただいています。

特に梅ジュースは、根強いファンが多い人気商品です。喉を潤すだけでなく、疲労回復や熱中症予防になる梅のクエン酸効果を、お客様が無意識にキャッチしていらっしゃるのかもしれません。今では親子で来てくださる方もいらっしゃいます。先人の知恵から生まれた梅ジュースが、時代や世代を超えて愛されているのを見ると本当にうれしくなります。

ここでは渋谷さんも好んで飲まれている、すっきりとした甘さと酸味の梅ジュースの作り方をお伝えします。

渋谷陽一さんとは30年来のお付き合いです。梅ジュースもその頃から、ご本人いわく、お水代わりに飲んでくださっているそうです。

1kgの黄熟梅や完熟梅で1ℓの梅ジュースを作る

冷凍した梅を使い、氷砂糖と三温糖、蜂蜜の甘さのハーモニーで、完熟梅の爽やかな甘さと風味を引き出します。リンゴジュースなどに少量加えると一層おいしくなります。殺菌効果、味のバランスを考え、糖分は梅の2分の1強の量をおすすめしますが、作るのに慣れてきたら砂糖の種類や量の割合はご自分でアレンジしてください。

梅ジュースで使った梅は、もう一度使って2回目のジュースを作ってもいいですし、そのまま食べたり、ジュースで煮詰めてジャム（P147）を作ったりしてもおいしいです。

梅ジュース（右）と梅ジュースで使った梅（左）。お好みで結構ですが、私は梅ジュースを3倍の水で薄めて飲んでいます。

用意するもの

保存袋
バット
保存瓶（1.5ℓ用）

材料

黄熟梅または完熟梅（無農薬や減農薬のもの）　1kg
ホワイトリカー（アルコール度数35度。梅の洗浄用）　500mℓ
ホワイトリカー（アルコール度数35度。保存瓶の消毒用）
　スプレーで瓶全体に行きわたるくらいの量（100mℓ目安）
生蜂蜜　200g
三温糖　200g
氷砂糖　100g
オレンジリキュール（お好みで）　大さじ2

下準備

秘伝の梅干し作り（P065①〜③）と同じ。

作り方

① 梅を冷凍する
下準備を済ませた梅を保存袋に入れ、冷凍庫へ入れて一～二晩おく。

② 三温糖をまぶす
バットに三温糖と冷凍した梅を入れる。梅を転がしながら三温糖をよくまぶす。

③ 保存瓶に詰める
ホワイトリカーで保存瓶を消毒する。保存瓶の内側全体と底に三温糖をふり、梅を半分ほど入れる。氷砂糖を入れ、残り半分の梅を入れる。

④ 三温糖でふたをする
保存瓶にふたをするように残った三温糖を入れ、生蜂蜜を流し入れる。カビを防ぐために上からごく軽くスプレーでホワイトリカーを吹き付けてから、ふたを閉める。1日に2～3回ゆっくりと瓶をゆすりなじませる。果汁が上がってきたら好みでオレンジリキュールを入れる。2週間ほどで梅ジュースが完成。好みの量のお湯や炭酸水で割って飲む。

⑤ 2回目のジュースの取り方
梅を取り出し清潔な保存瓶に入れ、砂糖などの甘みを総量で400gにし、梅、砂糖、梅、砂糖とミルフィーユ状に重ね、④と同様にする。取り出した梅はそのままお茶請けにしたりジャムにしたりできる。

先人の知恵から生まれた
クエン酸が豊富な
梅ジュースが、
時代や世代を超えて
愛されているのを見ると
本当にうれしくなります。

梅酢さえあれば

私の暮らしになくてはならないのが梅酢です。梅酢は梅を塩漬けにしたときに梅から出る液体のことです。最初に上がってくるのが白梅酢で、白梅酢に赤しそを漬け込んだものが赤梅酢。どちらもポリフェノールやクエン酸、リンゴ酸などの有機酸が豊富に含まれ、抗菌作用は梅干しより強いといわれています。

白梅酢は料理に色をつけたくないときにも使え、シンプルな味わいと梅の香りが楽しめます。赤しその抗酸化作用と防腐作用が加わった赤梅酢は、夏場の食中毒予防には欠かせません。冷蔵庫のない時代、先人たちはこの天然調味料を防腐剤代わりに役立てていたそうです。

古いほど味わいが増し、クエン酸が強いと濁ったり、下の方がドロッとしてきたりしますが、料理の隠し味やソース、おむすびの手塩に使うと格別です。私が元気なのは、栄養豊富な梅酢を塩代わりに使っているからかもしれません。

梅酢の活用法

私が最も使うのが赤梅酢です。赤しそとダブルで抗菌作用が期待できる赤梅酢は手放せません。

皆さんはよく梅酢の使い方がわからないとおっしゃいますが、梅酢の便利さを知ったら手放せなくなりますよ。梅酢は縁の下の力持ち。主役になる食材のうまみを引き出し、決して主張しない、お利口な調味料なのです。ここに、私の梅酢の使い方を記しましたので、お試しください。

・防腐効果を利用

防腐のために、煮ものや常備菜、カレーやそうめんのつゆやドレッシング、ピクルスの漬け汁などに使います。特に夏には欠かせません。塩やしょうゆとブレンドしたり、隠し味的に加えたりしても持ちがよくなります。

・肉や魚介の下ごしらえに

スプレーで食材に梅酢をふりかけ、少しおいてから調理します。臭みが取れ、ジューシーなうまみを引き出してくれます。魚の一夜干しなどもおいしくできます。

・ご飯がおいしく炊けて長持ち

ご飯を炊くときに、米1合に対し、赤梅酢をシュガースプーン2杯分加えます。炊き上がったご飯は色もつかず、ふっくらつややかに仕上がります。甘みが出て、酸味や塩味は残りません。腐りにくいのでお弁当のご飯にもおすすめです。おむすびの手塩に使えば一石二鳥です。

梅酢はスプレーボトルに入れておくと、料理の下ごしらえなどにも使いやすく便利です。肉や魚の臭みを取り、素材のうまみを引き出す働きがあります。

・色鮮やかに仕上がる

なすやにんじんなどの野菜、ぎんなん、えびなどは、下ごしらえで梅酢を使ったり、梅酢を入れてゆがいたりすると、クエン酸やアントシアニンの働きで色鮮やかに発色します。料理をより華やかに見せてくれます。

・野菜をシャキッと元気に

梅酢には食材の細胞を刺激する働きがあります。梅酢の漬け汁で作るピクルスは野菜がシャキッとし、歯応えもよくなります。しなびてしまった野菜も、梅酢を入れた水に漬けておくと元気を取り戻します。

・根菜類の時短調理に

里芋やごぼうなどは風味が増し、短時間で味も入り、おいしく煮上がります。

・疲労回復ドリンクとして

梅酢には熱中症予防になる塩分、クエン酸、リンゴ酸が豊富に含まれています。夏バテの疲労回復効果もあります。水５００㎖に梅酢小さじ1を加えれば、疲労回復ドリンクのでき上がり。蜂蜜などを混ぜてもいいでしょう。スポーツドリンク代わりにもなります。

・風邪や口臭予防に

梅酢をお湯で薄めて、うがい薬や虫歯や歯周病、口臭予防に毎日使っています。

一日中外出した日は少し濃い梅酢水で長めにうがいをすると喉が楽になります。百貨店の展示会のときは、うがい用に薄めた梅酢とペットボトルに入れ、1時間おきにうがいするようにしています。

P87上　ぎんなんを炒ったあとに皮をむき、梅酢を薄めたぬるま湯につけます。ぎんなんの黄色がきれいに発色し、梅酢の塩味がほどよく実に入ります。

P87下　食用菊は梅酢を希釈した湯でゆがくと、花びらの色が一層鮮やかになり、持ちもよくなります。

梅酢を使った夏バテ対策料理

——繁忙期は作り置きで乗り切る

梅仕事が忙しい夏は、冷蔵庫の中の常備菜に助けられています。定番は夏野菜を使ったピクルスとトマトのマリネサラダです。ピクルスは幼い頃、母と一緒に作りながら覚えた故郷の味です。母はらっきょうの酢漬けと同じ感覚で作っていたようですが、今思えば、かなりモダンな料理ですよね。

トマトのマリネサラダは30年ほど前から作っていますが、和食にオリーブオイルを使うことが当時の私には大改革でした。不思議なことに、梅酢とオリーブオイルを混ぜたドレッシングを使うと、昔のトマトのような濃厚な味わいがよみがえります。また、赤梅酢に

含まれるアントシアニンには抗酸化作用があるので、紫外線が気になる季節にはいいようです。
この時季、トマトやなすを毎日食べたくなるのは、夏野菜には身体を冷やす働きがあるから自然と欲するのでしょうね。
かぼちゃには身体を温める働きがありますので、こちらは冷房などによる夏冷えの予防になります。良質なたんぱく質が含まれる鶏肉は多めの油で炒め焼きすると、少量でもおなかの持ちが断然よくなります。
食欲が減退しがちな夏こそ、梅酢のすっきりとした酸味をお役立てください。

なすの鮮やか炒めと鶏もも肉のソテー

材料（作りやすい分量）

なす　4本
梅酢（赤でも白でもよい。なす用）　大さじ4
粗びき黒こしょう　大さじ1
オリーブオイル（なす用）　大さじ3
鶏もも肉　300g
梅酢（赤でも白でもよい。鶏肉用）　適量
A ┌小麦粉　適量
　│くず粉　適量
　└卵　適量
オリーブオイル（鶏肉用）　大さじ3
穂じそ、しょうが、みょうが（それぞれあれば。みょうがは水にさらしてアク抜きする）　各適量

作り方

① なすはへたを切り落とし縦半分に切る。皮目に切り込みを入れ、食べやすい大きさに切る。
② ボウルに梅酢大さじ4と粗びき黒こしょうを入れ、なすを加えてよくなじませる。そのまま20～30分おく。
③ フライパンにオリーブオイルを入れ、なすを軽く絞って入れ、中火でやわらかくなるまで炒める。
④ 鶏もも肉は2枚におろし、表面と裏面全体に軽く梅酢をふる。皿を斜めにして30～40分おき、出てきた水分をペーパータオルで拭き、食べやすい大きさに切る。
⑤ Aを混ぜて衣を作り、鶏肉にまぶす。
⑥ フライパンにオリーブオイルを入れ、鶏肉を強めの中火でふたをして焼く。こんがりときつね色になったら裏返し、同様にする。
⑦ 器に盛り、あれば穂じそ、しょうが、みょうがを添える。

トマトのマリネサラダ

材料（作りやすい分量）
トマト　2個
プチトマト　150g
赤玉ねぎ　2個
A
オリーブオイル　150㎖
梅酢（赤でも白でもよい）　70〜100㎖
濃口しょうゆ　大さじ1
塩　少々
粗びき黒こしょう　少々
イタリアンパセリ　適量
バジル　適量

作り方
①トマトは湯むきして厚さ1㎝に切る。プチトマトは湯むきする。赤玉ねぎは薄切りにする。
②Aにトマトを切ったときの汁を加えて混ぜ、つけ汁を作る。
③容器にトマト、プチトマト、赤玉ねぎ、つけ汁を入れて、冷蔵庫で2〜3時間冷やす。
④器に盛り、イタリアンパセリとバジルを散らす。

さっぱりピクルス

材料（好みの分量）

セロリ、にんじん、きゅうり、みょうが　各適量

＊好きな野菜でよい。

A　水4：梅酢2：純米酢2：みりん2の割合で各適量

＊梅酢は赤でも白でもよい。

作り方――

① 野菜は食べやすい大きさに切る。

② 水8：梅酢2（ともに分量外）の割合で下ゆで用の梅酢液を作る。梅酢液を鍋に入れ、沸騰させる。

③ 火が通りにくい野菜からさっとくぐらせ、粗熱をとり、煮沸消毒した瓶に入れる。

④ Aを混ぜ、野菜がかぶるくらいのつけ汁を作る。つけ汁を鍋に入れ、ひと煮立ちさせ、粗熱がとれたら③の瓶に入れ、冷蔵庫に入れて2日おく。

⑤ 2日後につけ汁だけを取り出す。つけ汁を鍋に入れ、2～3分沸騰させ、アクを取る。瓶の中の野菜を味見し、味が薄かったら、Aの調味料各適量を鍋に加えて煮る。粗熱がとれたらつけ汁を瓶に戻す。その日から食べられる。

かぼちゃの冷製スープ

材料（作りやすい分量）
かぼちゃ　¼個
昆布だし　300㎖
梅酢（赤でも白でもよい）　適量
イタリアンパセリ　適量

作り方
① かぼちゃは種と皮を取り除き、ひと口大に切る。
② 鍋にかぼちゃと昆布だしを入れ中火にかける。かぼちゃが柔らかくなるまで煮る。
③ 鍋に梅酢を加え、かぼちゃが煮上がったら押しつぶし、裏ごしする。
④ 容器に入れ、冷蔵庫で冷やす。器に盛り、イタリアンパセリを散らす。好みで、仕上げに生クリーム（分量外）を加えてもよい。

＊梅酢を多めに入れると傷みにくくなります。

しそご飯

材料（好みの分量）
白米　3合
赤梅酢（ご飯用）　大さじ3
青じそ　10〜20枚
赤梅酢（しそ用）　適量

作り方
① 白米は研いで30分〜1時間浸水させる。青じそは細切りにし、赤梅酢につけておく。
② 炊飯器に白米を入れ、水（分量外）を3合の目盛りまで注ぎ、赤梅酢を入れ、炊飯する。
③ 白米が炊き上がったら、青じそを絞ってご飯に混ぜ、茶碗によそう。

第4章 秋のこと

空気が澄み渡り、晴天が続く秋は、
梅の命をつなぐ養生の季節。
乗松さんも自身の英気を養い、次の年に備えます。
故郷での暮らし、銀座の思い出、
白洲正子先生、中川幸夫先生との交流、料理店の経営など、
これまでの人生を振り返っていただきました。

秋の梅養生

秋は梅の養生の季節です。空気が澄んでカラッとしている秋晴れの日は、雑菌も少なく、備蓄している梅を安心して広げられます。梅干しは塩がなれ合い、味に深みが増す3年後ぐらいにいただくのが理想です。その間は養生をしながら見守ります。梅が乾いてしぼんでいるようだったら、梅酢としそを補い、必要に応じて干したり風を入れたりします。そうして100年、200年と梅の命をつないでいくのです。きちんとお世話して長生きしてもらう。梅も人間と同じなんでしょうね。梅も年を重ねることで優しい風味になるように思います。

一日だけの秋干し

この夏漬けた梅も秋晴れが続く日を見計らって、一日だけ干しました。壺の中の梅をザルに並べ日に当てると、秋の清々しい空気を一心に吸いうまみが増します。ご家庭の梅の量（3kgぐらい）なら、壺や瓶に入れたままふたを開け、太陽と風に当てるだけでいいでしょう。このとき梅の上部が乾燥しているようなら上下を入れ替えます。

P97上　100余年前の梅は、定期的に養生しています。毎回ふたを開けるたびに透明感のあるいにしえの香りに癒やされます。梅は年を追うごとに膨らみが増し、表情が穏やかになってきます。驚いたことに、酸味もちゃんと戻ってきます。

P97下　先日、壺の中でキラキラと光るゼリーのようなものを見つけました。これはクエン酸と塩の結晶で、古い梅干しにしか作れない貴重な贈りもの。手をかければばけなげに応えてくれる梅の生命力の強さに改めて感動を覚えます。

故郷での暮らし

私の故郷は愛媛県の東温市《とうおんし》というのんびりとした里山です。父は鮮魚店を営み、謡《うたい》や長唄が趣味でした。私も幼い頃から耳にしていたので、自然とそういうものに興味を持つようになりました。

戦後は古典芸能で一流といわれる方々も苦しい時代で、地方巡業が盛んに行われていました。本物の芸能を目の当たりにしたときの感動は、今でも忘れられません。後年、歌舞伎座で聞き覚えのある音色だな、と思ってプログラムを見たら、うちに長逗留していたお師匠さんだったということもありました。

母は子育てと家事に追われ大変だったと思いますが、毎年、梅干し作りは欠かしませんでした。身体が弱かった私のために、梅干しと梅酢でいろいろな料理を作ってくれました。定番メニューである梅酢ピクルスは、母親仕込みです。

母の実家は大きな農家で裏山には南天の林があり、畑には柿やニッキ、梅の木も何本かありました。牛やたぬき、にわとりやかえるなどの存在をごく身近に感じながら、季節ごとに咲く山野草を摘んだり、畑を流れる小川で魚を捕ったりしていました。今思えば、贅沢な自然環境の中でのびのびと育ちましたね。

裏山に炭焼き小屋があって、そこで祖父はよく炭を焼いていました。私が行くと、どこから手に入れていたのか、焚き火でいつもココアを作ってくれました。甘いものがない時代でしょう。それはそれはおいしくて、ココア目当てに祖父のもとへよく通いました。器用な人で、ときにわらで私の草履まで編んでくれました。編みたての草履を履いてフカフカの草の上をよく散歩していました。

穂坂梅林の土を初めて踏んだとき、子どもの頃に感じた土の感触と似ているようで、その頃の記憶がよみがえりました。

祖母は藍を作り、また糸を取って染め、機織りで主に仕事着などを作っていたそうです。私が無類の布好きなのは、祖母の影響かもしれません。

中学までしか親元で暮らしませんでしたが、こうして考えると両親や祖父母のDNAをしっかりと受け継いでいたんですね。私が東京へ行きたかった目的の一つは、文楽や能を好きなだけ観るためだったのですから。

幼少期

5歳くらいのときだったでしょうか。父が、中に私が入って横になれるくらいの大きさのかごを作ってくれたことがあります。かごの中に布団を敷いて私を入れ、駄菓子を持たせて、謡や長唄のお稽古によく連れて行ってくれました。パッと目を覚ますと、「あれ？　ここはどこ？」ということがよくありました。父は子煩悩な人で、私が遅くにできた子どもだったこともあり、とてもかわいがってくれました。

小学校に入学したのは、終戦を迎えたばかりの頃です。入学式はむしろの上に座って記念撮影をし、教科書は上級生のお古でした。

当時は家事の手伝いや弟の子守りなど家の手伝いをよくさせられました。朝４時から市場へ行ったり、食料配給の伝達をしたりと、ご近所の人や先生方があきれるくらい働いていました。

毎日早くに起きるので、いつも眠たかったですね。あるとき学校へ行く前にレンゲソウがきれいに咲いている畑でちょっと横になったら、そのまま熟睡してしまい、先生が探しに来てくださったこともあります。

子ども心に食料品を扱う仕事だけはやりたくないと思っていたのに、結局引き寄せられてしまうんですね。

青春期

中学校の修学旅行で奈良県へ行ったとき、破傷風にかかり、生死をさまよったことがあるんです。そのとき助けてくださったのが奈良市内の病院のドクターでした。

小学校６年生のとき、学芸会開催のご挨拶をするために、同級生たちと教室で待機しているときの写真です。このときは緊張しました。

社会人になってから改めてお礼に伺ったところ、その病院で事務関係の仕事をお手伝いすることになり、ちょっとのつもりが結局、成人式を迎えるまで2年近く働くことになりました。

奈良で一番印象に残っているのは、東大寺の二月堂で見た早朝の風景です。この頃、父ががんを患い入退院を繰り返していましたので、二月堂に願をかけたり、お百度参りに通ったりしました。朝の4時前後、まだ暗いうちに家を出るのですが、二月堂に着いて朝日が大仏殿の鴟尾《しび》にサーッと当たると、霞たなびくそれはそれは神々しい美しさでした。誰もいない静謐《せいひつ》な空気といい、こんな風景は二度と見られないだろうと思ったものです。

その後、奈良を離れ神戸で仕事をしていたのですが、いよいよ父の状態が悪くなってきたので、実家に戻り、亡くなるまで看病しました。続いて半年後に姉が亡くなり、いろいろなことが吹っ切れたんです。それから1週間後、幼いころからずっと行こうと思っていた東京に出て来ました。

高校時代の友人が、奈良にいる私を訪ねてきてくださったときの写真です。2人で市内見学を楽しみました。私はまだ20歳前だったと思います。

「辻留」時代のこと

東京でもいくつかの職場で仕事をし、ようやく本来の自分の居場所と思えたのが「辻留」でした。料理屋の苦労は知っていたのに、結局原点回帰です。でも、ここでは料理人、辻嘉一氏をはじめ、多くの素晴らしい出会いがあり、かけがえのない時間を過ごしました。

当時、「辻留」に集うお客様は、作家や工芸家、画家の先生など、文化系や美術系の方々が多かったのです。皆様はお店にいらっしゃるだけでなく、お料理やお弁当のご注文も多くしてくださり、よくお届けに上がりました。そのとき、先生方はまだ若かった私に未知の世界のことを教えてくださり、たくさんの栄養をいただきました。

この時代は心が豊かで、自分の価値観や趣味にお金を使う方々が多かったように思います。だから、職人が育ち、文化、芸術が発達していったのでしょうね。お互いを切磋琢磨しながらいい情感が生まれる。本当の美学や贅沢が許されていた時代です。私はいい時代に、最高の場所で働かせていただいたと思います。

白洲正子先生との出会い

その頃「辻留」のすぐ近くに、白洲正子先生が営む染色工芸品の店「こうげい」がございました。もともと布好きだったので、少しでも時間ができると布を見せていただくために、よくお店へ行きました。

ある日いつものようにウインドーを眺めていると、「外から見ているだけでは、わからないから」と、ドアを開けてくださったのが白洲先生でした。

「こうげい」へ通っているうちに「そんなにお好きだったら、何回でもいいから月賦でどうぞ」って。先生は、私が物に執着して見る目に共感してくださったんだと思います。他では見られない神々しい布や反物を見せてくださったり、古美術やご自身が好んだ作家の方々のお話をしてくださったりと、私にとっては心が豊かになる楽しいひとときでした。

白洲先生もこの頃から地球環境のことを気にされていて、時代とともに良質な糸は手に入りにくくなってくる、そうなったときはお店を閉めるとおっしゃっていました。やはり、先見の明をお持ちだったんですね。その後、私が代官山に日本料理店「延楽」を出したときは、先生からお祝いとして古澤万千子先生作ののれんをいただきました。ありがたくてかけられず、今も大切に持っています。

実は当時、私は布の仕事にも大変興味があったんです。「辻留」の料理は高くて一

白洲正子
（1910〜1998年）。随筆家。幼い頃より能を学び、14歳で女性として初めて能舞台に立つ。米国へ留学し、帰国後、実業家の白洲次郎と結婚。古典文学、工芸、骨董、紀行など幅広い分野で随筆を執筆。著書に『能面』『日本のたくみ』『西行』などがある。

般的じゃないから、布の方がいいと思っていたんですね。でも、結果的には布の方がもっと高額でした。

「こうげい」の展示会のご案内状は、古澤万千子先生の布の図柄をデザインした美しいものでした。あるとき「こうげい」から、「今、古澤先生が見えていて、珍しい布を持参してくださったので見にこられない？」というお電話をいただきました。

駆けつけるなり、私の目に飛び込んできたのは、浅葱《あさぎ》色の地にすずめが籠から飛び立とうとしている図柄でした。何て自由な発想をなさったのだろうと、おとぎ話の世界に入っていくような懐かしさを覚えました。私の様子をご覧になっていた古澤先生が「お気に召してくださったのでしたら、こちらをどうぞ」と声をかけてくださいました。当時、作家の作品は、この作品はこのお客様に、とある程度決まっていることが多かったように思います。もちろん、私などはその数の中には入ってはおりません。私が古澤先生の作品をいただけることになったのは幸運としか思えませんでした。

当時、私の手元にきた着物をたとう紙から時折出して拝見していると、心に積もった有象無象から解き放たれて、柔らかい気持ちになりました。

今でも、この着物や「こうげい」の案内状を見るにつけ、古澤先生の穏やかな眼差しと、にっこりとほほ笑みかけてくださった姿が思い出されるのです。

着物の冴え冴えとした色と、楽しい図柄が散りばめられている世界観に、時を忘れて見入ってしまいました。

白洲先生はよく、
「人を育てるのなら
60歳が限界。
それを過ぎたら
物を伝えることが
難しくなってくる」と
おっしゃっていました。
特に職人仕事ほど、
そうあるべきだと思っています。

中川幸夫先生のこと

いけばな作家の中川幸夫先生とは、白洲先生のお店「こうげい」で出会いました。中川先生はヒエラルキーがある華道の世界に疑問を抱き、己の花を生けるために池坊を脱退した反骨精神のある方でした。

私の梅干しを「うまい、うまい」とおっしゃって、お酒の肴《さかな》や養生食としてたくさん召し上がってくださいました。ご自宅はお花のために二階建てのアパートを一棟借りていらっしゃいました。よくお弁当や梅干しをお届けに伺いましたが、アパートの鉄の階段の音がまさに昭和でした。

中川先生は、そう大きくはないお台所の決まった場所に梅干しの瓶をきっちりと置いてくださっていました。その他のアパートの部屋には海外から取り寄せた果物のような花や、パフォーマンスに使う珍しい花であふれかえり、部屋というよりドライフラワーや花の収集場のようでした。伺うたびに花が変わり、その珍しさからいつも時間を忘れて見入っていました。

中川幸夫

（1918〜2012年）。いけばな作家。伯母の影響で池坊のいけばなを始め、作庭家・重森三玲に認められ、同氏が主宰するいけばな革新集団「白東社」に参加。1951年、池坊を離れ、花の生と死を封じ込めた表現を追及した。代表作に「花坊主」など。

お花見と書

いつだったか、中川先生と鎌倉の山へお花見に行ったことがありました。先生が朝なぎと夕なぎの両方を見たいとおっしゃるので、一日中桜の木の下で過ごしました。このとき忘れられない光景を目にしました。

朝なぎのときに中川先生がパーンと手を打つと、風もなかったのに花びらが急に散り始めてぐるぐると渦を巻くように谷に舞っていったんです。谷戸の風も手伝ってのことでしょうが、一瞬の風と桜の花びらの流れにゾッとする怖さを覚えましたね。このときの感覚は今でもはっきりと覚えています。

先生の作品の凄さは見る人に感動以外の何かを突きつける、千古不易《せんこふえき》の真理だと思うんです。花が生きているときから死ぬまでの姿を見つめ、その魂を生けた作品は、今見ても色褪《あ》せることなく、圧倒的な迫力を持って迫ってきます。

これは、先生の書も同じです。こちらは毎日練習をされていて、ご自宅の押し入れを開けるとダダダーッとすごい量の書が崩れ落ちてきたことがありました。以前、日本橋にある浦上蒼穹堂《うらがみそうきゅうどう》さんのギャラリーで木偏の漢字の書を200枚ほど書かれたことがあって、そのときに私は「梅」と「栂《つが》」の書をいただきました。毎年、梅仕事の始めにその書の前に青梅を供え、梅仕事のお祈りをしています。

中川先生の「栂」の書は、梅仕事のお守りとして飾っています。中国のある地域では木偏に母と書いて梅と読むそうです。不思議と青梅を供えたときのバランスもいいんです。

新しい人生の始まり

「辻留」退社後、すぐに鎌倉の小町通りの日本料理店「味路喜《あじろぎ》」を預かることになりました。こちらは当時、鎌倉の十二か所の梅農家から梅を分けていただいていたことがご縁となりました。

この頃、東京で店を出すことが決まっていましたが、工事が大分遅れていましたのでその間の6年半ほどお手伝いさせていただいたんです。梅干し作りと同じで私の人生も待ったなし。休む暇なく、どんどんと進んでいきました。

鎌倉で日本料理店「味路喜」をオープン

鎌倉の小町通り、鶴岡八幡宮の近くにあった「味路喜」は、地元の方々を始め古刹《こさつ》巡りに見える観光のお客様も多くいらっしゃる店でした。私を含めた女性3人で立ち上げ、店名の「味路喜」には「味の道は楽しい」という意味を込めました。

お店に特徴を持たせるために、メニューの多くに私が長年、宝ものとして抱え込んできた梅を使ってみたんです。例えば、食前には食欲増進や殺菌効果のある梅酒や梅ジュース、梅酢や梅干しは隠し味や調味料代わりに使って食材のうまみを引き出し、デザートには梅の甘露煮やくず寄せをお出ししていました。

梅を使ったのは、梅の神様の力をお借りして全国からいらっしゃるお客様が元気で無事に帰れますように、という願いもありました。

お昼の看板メニューはひらめの笹巻き寿司でした。梅酢を使ってひらめを昆布締めにしたところ、好評でお店も予想以上に繁盛しました。あるとき、東京の百貨店のバイヤーの方の目に留まったんですね。笹で巻いたお寿司は鎌倉から東京まで移動してもおいしさが変わらず、百貨店で催事販売させていただいたら、あっという間に完売しました。以来、こちらの百貨店とは、杉田梅専門店の「延楽梅花堂」になった現在でもお取引させていただいています。

「味路喜」では中庭での梅仕事の様子が店内から見えるものですから、梅の季節になるとお客様も興味を持ってくださいましてね。お店の階段や通路にも梅の瓶や壺をずらりと並べ、テーブルには梅干しや小梅も出していましたので、「梅干しを分けてください」という方も増え、いつの間にか梅が看板の店になりました。

杉田梅の梅林と、現在梅を干させていただいているお寺様とは、この時代に出会いがございました。

「味路喜」では、階段を利用して梅干しや梅酒などをディスプレイのようにズラリと並べていました。興味を持ってくださったお客様と会話が弾みました。

代官山「延楽」のこと

東京・代官山のヒルサイドテラスの一角に日本料理店の「延楽」をオープンしたのは、バブルが弾ける直前の１９９０（平成2）年、私がちょうど50歳のときでした。建物の工事が遅れたからとはいえ、よくそんな年に店を始めたものだな、と今さらながら自分が怖くなります。

ちょうど渋谷にＩＴをはじめとするテクノロジー系の企業が集まり始めた頃でもありました。ある意味では時代の変わり目だったんですね。うちを使ってくださったのは、そうした企業や各方面の業界の方々で、随分と助けていただきました。

ヒルサイドテラスへは、ある方のご縁で店を構えさせていただくことになりました。当時からテナントは非常に洗練されたショップが多く、ギャラリーなども併設されていました。

「延楽」の内装は、建築家の槇文彦先生のお弟子さんだった廣田豊さんにお願いしました。床は天然木、壁はコンクリートを使った当時としては斬新な素材の組み合わせで、モダンながらも落ち着いた空間に仕上がりました。天井が高く、広々としたスペースだったので、カウンター席とテーブル席のほか、お座敷や茶室を設えることもできました。

オープンのときは中川幸夫先生が「延楽」の看板をプレゼントしてくださり、玄関

「延楽」の入り口です。中川幸夫先生が書いてくださった迫力ある文字の看板は、多くのお客様の関心を集めました。

に見事な桜の花まで生けていただきました。

特に忘れることができないのが、店の敷金をパッと出してくださったある運送会社の女社長さんです。もちろん、こちらでも用意はしていたのですが、その額は私の予想を上回るものでした。この社長さんは「味路喜」のときのお客様で、健康維持や疲労回復のためにドライバーの方々に配る梅干しを買ってくださっていたんです。よく言う竹を割ったような性格の方で、ひょんなことから意気投合し、親しくさせていただきました。

代官山の店にも何度かいらしてくださいましたが、繁盛していたのを見て安心し、「ここは自分が来るような店じゃない」とおっしゃって、しばらく疎遠になっていたんです。ほどなくお借りした敷金はお返しすることができ、ホッと安心していた矢先、息子さんが「延楽」に突然いらして、彼女が病気で亡くなられたと知らせてくださいました。

あの混沌とした時代に20年間も「延楽」を続けることができたのは、こうして支えてくださった皆様のお力のおかげです。人との出会いといい、タイミングといい、自分が梅の神様に守られていることに改めて感謝しました。

女将と梅仕事の二足の草鞋《わらじ》

「延楽」は日本料理店として始めました。店名はヒルサイドテラスの敷地に「猿楽《さるがく》塚《づか》」という古墳があり、そこから「えんがく」としました。漢字は雅楽の舞曲である「延喜楽《えんぎらく》」にあやかりました。

私は女将を務め、料理は料理人の意思を尊重し、旬の食材を使うこと以外はすべて任せました。ですから梅は、食前酒やジュース、香の物に出すくらい。ただ、梅酢は調味料や下ごしらえに使ってもらいました。

店では梅製品を置いていましたので、召し上がって気に入ってくださった方や海外旅行へ行かれる方が関心を持ってくださいました。

料理は旬の食材や鮮度のいい魚を厳選していたため、決して安くはなかったのですが、それでも全国から多くの方にお越しいただきました。ご紹介やリピーターの方が多かったのも励みになりましたね。

私は「延楽」と梅仕事の二足の草鞋を履き、閉店後に内職仕事をするように1人で梅肉エキスやジュースを作ったり、早朝に鎌倉のお寺へ梅を干しに行ったりと、毎日働き詰めでした。特に梅の季節は24時間があっという間に過ぎていきました。年末になるとロック・フェスティバルに出店し、おせちも作っていたわけですから、よく身体が持ったものだと思います。

梅への危機感

同じ頃、小田原では品種改良の波に押され、扱いにくい野梅《やばい》系の杉田梅の木はどんどん伐採されていました。危機感を持った私は、杉田梅に興味を持ってくださるお客様に苗木をプレゼントし、育てていただくお願いをしていました。早いもので、そのとき嫁入りさせた苗木は毎年立派な実梅をつけるほど成長しています。

70歳を迎えた年に「延楽」を閉めました。私も元気だったのですが、このとき初めて一度立ち止まって深呼吸をしようと思ったんです。息を整えたときに最初に頭の中で見えたのが、梅への危機感でした。このまま放っておいたら杉田は間違いなく幻になってしまう、早く何とかしなきゃ、と。自分にとっていちばん大事なものはやっぱり梅だったんですね。

私の人生はこれまで梅に支えられてきましたが、これからは私が梅を支えていこうと、僭越《せんえつ》ながら心に誓いました。

心を豊かにする本・音楽・映画

秋は梅仕事をする私にとって束の間の休息期間です。このときとばかりに好きなことを楽しみ、心身のバランスを整えます。といっても何日も休めるわけではなく、朝や夜にのんびりできる程度。ささやかですが、毎日の読書の時間が長くなったり、音楽を聴いたり、映画を観に行けたりできるのはありがたいことです。

座右の書

特にこの時期読みたくなるのが、梅仕事の初心に戻れる2冊の本です。ジャン・ジオノの『木を植えた人』は、私が杉田梅の苗木を植えようと思った原点の書です。

一人息子と妻を失った男が、荒地をよみがえらせようとする物語です。男は二つの戦争を挟みながらも、毎日淡々とドングリを植え続け、いつしか人々が集まるようになる素晴らしい森を作ります。でも、世間からは森は自然再生したものと思われ、誰も彼の功績には気づきません。それでも男は淡々とドングリを植え続けていきます。

何回も繰り返し読みたくなる、私の人生のバイブルです。中でも『木を植えた人』は、梅に興味を持った方にプレゼントしたくなるので、何冊かストックを持つようにしています。

彼の生きる姿勢と思想には学ぶことが多く、つらいときや、あとひと踏ん張りしようと思うときに読みたくなります。

最初に絵本『木を植えた男』を読んで感動し、その後出版された文庫本を読み、今では手放せない1冊となりました。何冊も購入しては人に差し上げています。

もう1冊は、モーリス・メセゲの『自然が正しい』です。メセゲはフランスに代々伝わる植物療法家の家系に生まれ、自然と人間との付き合い方を幼い頃から学んできました。１９７0年代から、南フランスの町長として環境汚染の問題に取り組み、「食の安全と確保、健康、環境」という問題に、「自然こそ正しい」という明快な答えを出しています。

私が梅仕事の中で学んだのも、まさに雄大な自然こそが先生であるということ。この不変の尊さを梅を通して伝えていきたいと思っています。

魂に響く音楽

音楽はオペラやピアノ曲、長唄やロックとジャンルを問わず好きです。中でもドイツの声楽家、ディートリヒ・フィッシャー＝ディースカウが歌う荘厳な「冬の旅」には魂が揺さぶられます。彼はリート、オペラ、宗教音楽のすべてで傑出した才能の持ち主だと思います。来日の際には必ず聴きに行きました。

夜、梅仕事をするときに、彼の歌を流しておくと気持ちがピーンとして集中できるんです。

好きな映画

上映されるたびに足を運びたくなるのが『ラサへの歩き方～祈りの２４００km』です。チベットの小さな村の11人の村人が聖地ラサへ２４００kmもの距離を五体投地《ごたいとうち》で行く巡礼旅を描いた映画です。五体投地とは、両手・両膝・額の五体を地面に投げ伏して祈る仏教でもっとも丁寧な礼拝の方法です。素朴な生活の中に祈りというものが溶け込み、肉体の限りを祈りに捧げる姿勢、他者への幸福を祈るチベット仏教のあり方は、何度観ても胸が熱くなります。

私が四国八十八箇所の巡礼の地で生まれたということもあるからでしょうか。宗派や国境を超え、人間のエネルギーの素晴らしさを感じさせてくれます。

実家が商家だったこともあり、子どもの頃からさまざまな方との出会いがありました。当時習っていた英語の先生からは音楽や文学などの啓蒙を受け、私も学問や知識を身につけたいと思ったものでした。毎年芸術の秋がくると、彼女のことを思い出します。

11人の村人は、しゃくとり虫のような歩みで約1年をかけて聖地ラサを目指します。過酷な旅のはずなのに、彼らはなぜか楽しげです。祈る、歩く、眠る、笑う。シンプルに生きることが何よりの喜びと知りました。

『ラサへの歩き方～祈りの２４００km』
監督・脚本：チャン・ヤン
撮影：グオ・ダーミン
出演：チベット巡礼の旅をする11人の村人たち
１１８分／中国／２０１５／COLOR／チベット語／DCP／16:9／DOLBY 5.1
英語題：PATHS OF THE SOUL
公式サイト：www.moviola.jp/lhasa

梅酢を使った秋の滋味御膳

――夏の疲れを癒やす贅沢な味わい

秋の料理は、食べる前に目で味わい、口に入れて味わい、そして香りを聞く。音楽にたとえればアンサンブルのようなものではないでしょうか。ここで紹介するお料理は、オーケストラほど楽器は多くないけれど、一皿一皿が非常に存在感のある味わいです。

中でも子どもの頃からの大好物が、プチプチとした食感が口いっぱいに広がる、子を持ち始めた落ちあゆの煮びたしです。よく兄が近くの川で釣ってきたあゆを母が手際よくサッと焼き、梅酢と梅干しを入れて炊いてくれました。梅のクエン酸の働きで骨まで柔らかくなったあゆは、タンパク質とカ

ルシウムが同時に取れる贅沢な秋の栄養食です。

目に鮮やかな菊のお吸い物は、重陽の節句を代表する一品です。菊のほのかな香りが格別な風味になります。旬のはしりの里芋は、コクのあるごまみそとあえると極上の味わいになります。中秋の名月を芋名月と呼び、新芋を供え、お月見を楽しんだ先人たちは粋でしたね。

千枚漬けからヒントを得た柿とかぶの梅酢あえは、淡味ながら後を引くおいしさです。

秋の食材が奏でるアンサンブルを、ホクホクのむかごときんなんのご飯とともにお楽しみください。

落ちあゆの煮びたし梅仕立て

材料（4人分）

あゆ　8尾

A　水　250㎖
　梅酢（赤でも白でもよい）　大さじ2
　日本酒　200㎖
　しょうが（薄切り）　1かけ
　梅干し　3〜4粒
　山椒《さんしょう》の実（塩漬けまたは佃煮）　小さじ1

B　みりん　大さじ3
　濃口しょうゆ　大さじ3
　たまりじょうゆ　大さじ1

竹の皮（あれば）　適量

作り方

① あゆはフライパンで強火で焼き、両面に焦げ目をつける。中まで火が通らなくてもよい。

② 鍋底にあれば竹の皮を敷き、あゆを重ならないように並べ、Aを入れ中火にかける。

③ 煮立ったら、Bを加え弱火で40〜50分じっくり煮る。ひと晩おくと味が落ち着いてよりおいしくなる。

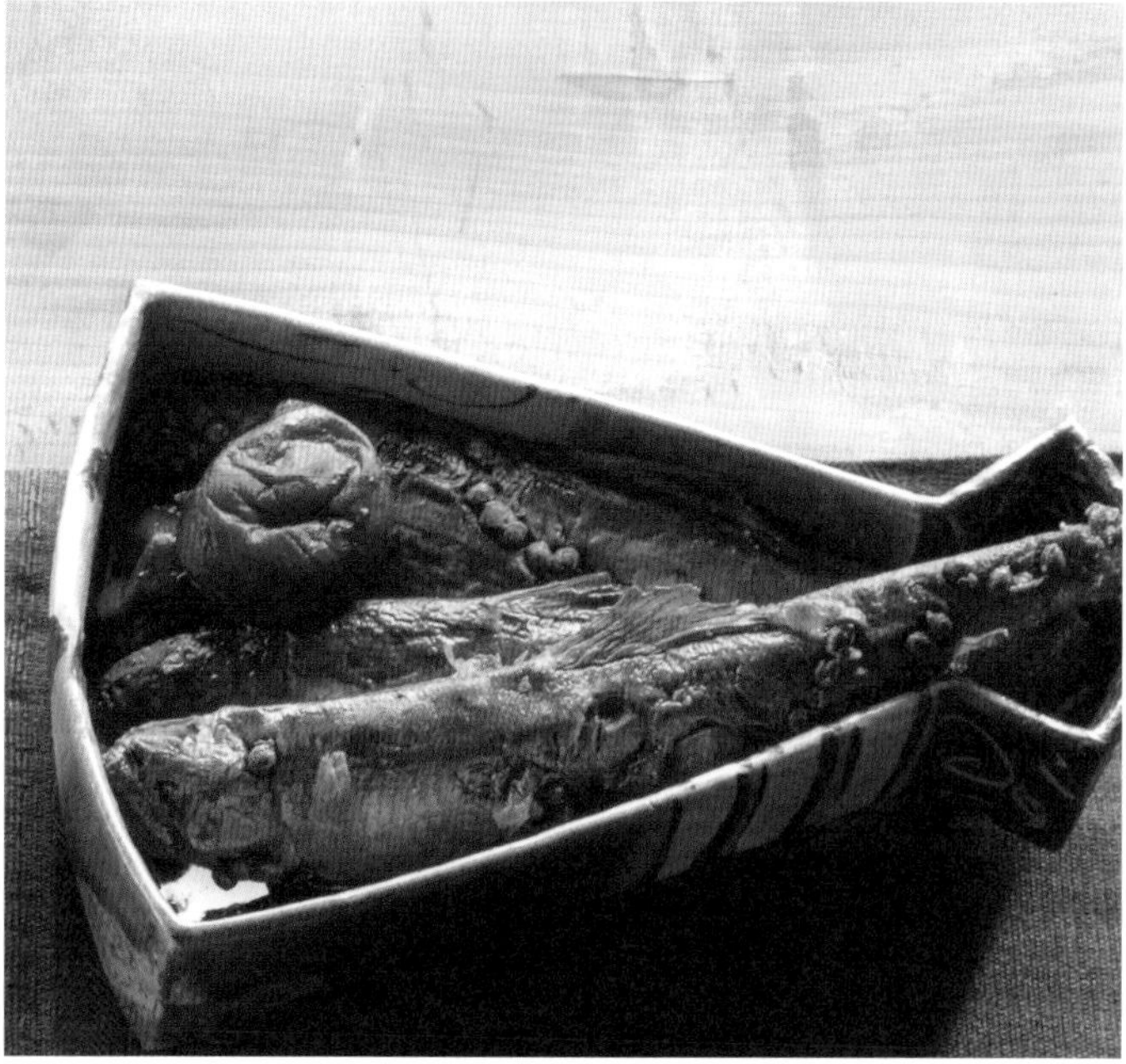

里芋とれんこんのごまみそあえ

材料（作りやすい分量）
里芋　4個
れんこん　2節
オクラ　8本
A ─ 水　1.5ℓ
　　白梅酢　大さじ1
水　オクラがひたひたになるくらいの量
白梅酢　大さじ½
B ─ 昆布だし　1ℓ
　　白梅酢　大さじ1
　　薄口しょうゆ　適量
　　みりん　適量
C ─ 白みそ　30g
　　有機ごまペースト　30g
　　白梅酢　10mℓ
　　だし汁　適量

作り方
① 里芋とれんこんは皮をむき、乱切りにする。オクラはヘタを切り落とす。
② ボウルにAを入れ、里芋を30～40分つけ、アク抜きする。
③ 鍋に②をアク抜きした汁ごと入れ、れんこんを加え中火にかける。ひと煮立ちしたら引き上げる。
④ 鍋に水を入れて沸かし、オクラと白梅酢大さじ½を入れ、2分ほど色よくゆでる。
⑤ 鍋にBを入れ中火にかける。沸騰したら、里芋、れんこんを順々に煮て引き上げる。オクラはさっと浸す。
⑥ 器に盛り付け、Cを混ぜ合わせてかける。

豆腐とホタテ、菊の花のくず仕立て

材料（2人分）
ホタテ（刺身用）　6個
豆腐　2～4切れ
食用ぎく（黄色と紫色）　各1パック
A
日本酒　50㎖
梅酢（赤でも白でもよい）　大さじ1
薄口しょうゆ　大さじ1
B
水　500㎖
梅酢（赤でも白でもよい）　小さじ1×2
くず粉　大さじ3
ゆずの皮　適量

作り方
① 鍋にホタテとAを入れ、中火で2～3分酒蒸しにする。ひと煮立ちしたら、ホタテを取り出す。豆腐を入れ、中火でじっくりと煮る。豆腐を取り出し火を止める。汁は取っておく。
② 鍋にBを入れ中火にかけ、沸騰したら黄色の食用ぎくをちぎって入れる。ひと煮立ちしたら、食用ぎくを取り出し火を止める。紫色のきくも同様にする。
③ ①の汁に②の汁を加えて500㎖にし、中火にかける。沸騰したら黄色と紫色の食用ぎくを入れる。ひと煮立ちしたら、水大さじ2（分量外）で溶いたくず粉を入れる。
④ お椀《わん》にホタテと豆腐を入れ、③の汁をかけ、ゆずの皮を添える。

柿とかぶ、枝豆の梅酢あえ

材料（作りやすい分量）

柿　2個
かぶ　2個
枝豆　適量
A ┃ 水　500㎖
　┃ 梅酢（赤でも白でもよい）　小さじ1
みりん　大さじ2
B ┃ 純米酢　大さじ2
　┃ 薄口しょうゆ　大さじ2
　┃ 梅酢（赤でも白でもよい）　小さじ1

作り方

① 柿とかぶは皮をむき、縦半分に切り、薄く切る。
② ボウルにAを入れ、かぶを10分つけ、軽く絞る。同じつけ汁に柿をさっとくぐらせ、軽く絞る。枝豆は塩ゆでする。
③ 鍋にみりんを入れ、中火にかけてアルコール分を飛ばす。粗熱がとれたら、Bを加え混ぜる。
④ ボウルにかぶと柿、枝豆を入れ、③を加えてあえる。

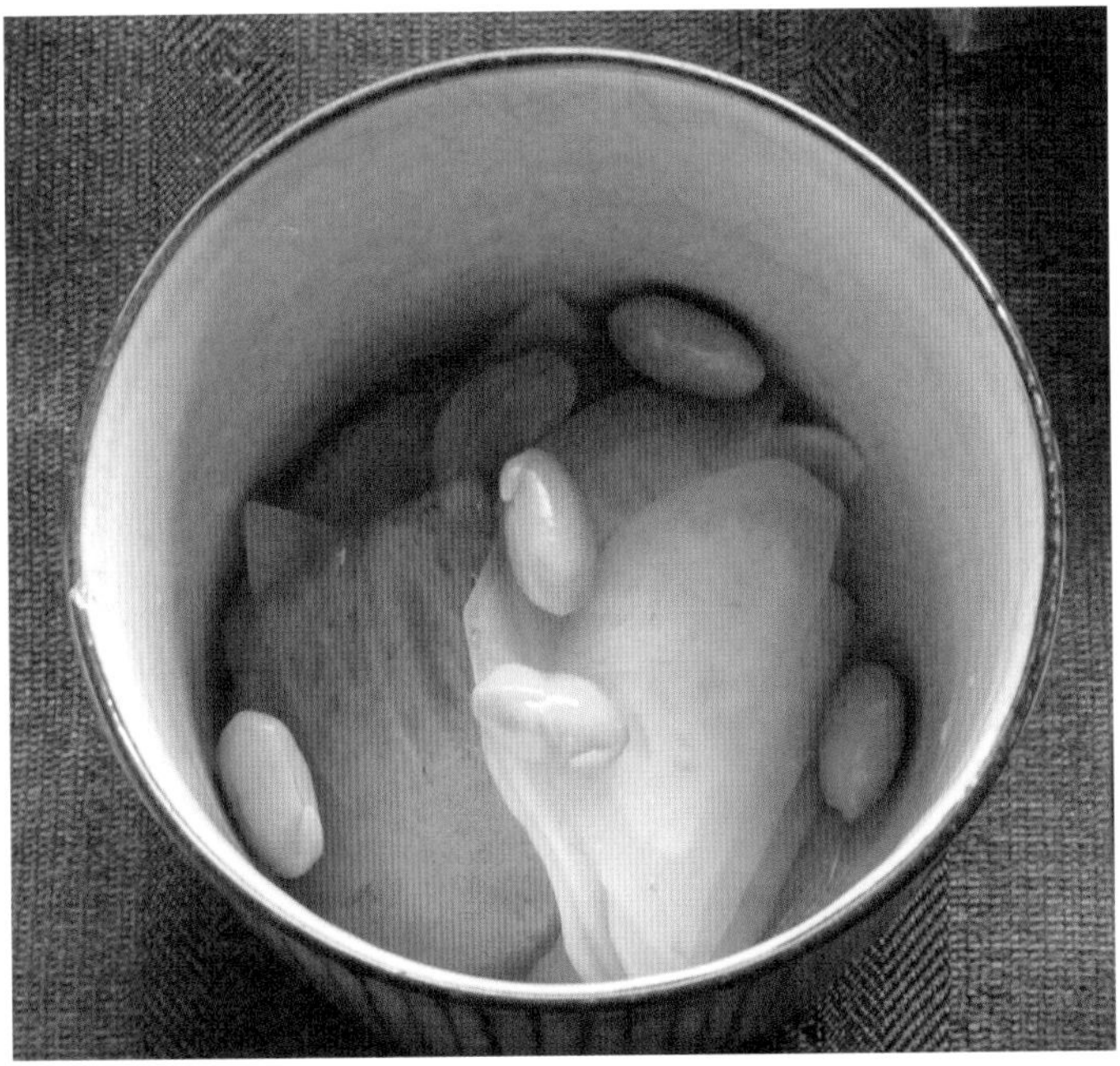

むかごとぎんなんのご飯

材料（3合分）

白米　3合
むかご　150g
赤梅酢　大さじ3
ぎんなん　適量
栗　適量

作り方

① むかごは水洗いし、汚れを落とす。白米は研いで30分～1時間浸水させる。
② 炊飯器に白米を入れ、水（分量外）を3合の目盛りまで注ぐ。
③ むかごと赤梅酢を加え炊飯する。炊き上がったら茶碗によそい、ゆでて皮をむいたぎんなんと栗を添える。

第5章

冬のこと

おせち料理の準備や餅つきなど、
乗松さんの年末年始には、古きよき昭和の風景があります。
忙しさが一段落して空を見上げると、
春を告げる梅の蕾《つぼみ》がほころび始めます。
杉田梅を次世代へつなぐために、
乗松さんは日々精力的に活動しています。

福を呼ぶピンクの梅塩作り

慌ただしかった年末から一転して、お正月は安閑恬静《あんかんてんせい》な時間が流れます。元日の朝は梅の神様に無病息災を祈り、昆布と梅を浮かべた大福茶《おおぶくちゃ》をいただきます。

仕事初めは、空気の乾燥を活かした梅塩作りから始めます。ちょっと根気がいるかもしれませんが、作り方はシンプルです。寒中の梅仕事としてぜひお試しください。

用意するのは、赤梅酢とにがり入りの粗塩だけ。

密封できる500㎖くらいの広口瓶に好みの量の塩を入れ、赤梅酢をひたひたまで注ぎ、清潔なスプーンでときどきかき混ぜながら1か月ほど漬けます。途中、乾燥したり塩に吸収されたりして梅酢が少なくなってきたら足します。塩全体がピンク色に染まったら、梅酢を足すのをやめて、瓶のふたをあけ、いくらか塩を乾燥させます。

仕上げに塩を和紙などに広げ、天日干しにしたり、日の当たる窓辺に置いたりしながら20日〜1か月ほど乾かします。ときどきスプーンで打ち返し、全体が乾いてきたら土鍋でカラ炒りし、すり鉢で当たって仕上げます。炒りすぎるとせっかくのピンク色がくすんでしまいますので注意してください。

目にも鮮やかなピンクの梅塩は福をもたらす縁起のよさがあり、「ハレ」の日の料理に適しています。粗塩より一段とまろやかで風味も豊かなので、極上の梅干しを作るときは奮発して梅塩を使っています。

60～70代は人生の黄金期

若い頃、諸先輩方から「60～70代は人生の黄金期」と言われていましたが、当時は「そんな年齢になって⁉」と半信半疑でした。実際に自分がその年齢を過ぎ、今になってようやくその真意がわかるのでした。

80代になって人生を振り返るとセピア色の思い出になっています。残念ながら思いはあっても、それを現実に活かすというところまではいかないんです。もう肉体と精神が真っ直線にならないんです。でも60代は振り返って学んだことを実践できて、試行錯誤しながらまだまだ前進していけます。しかも、今までの人生の経験やブレーンも、大いに手助けになってくれます。

できれば60～70代の黄金時代に趣味でも仕事でも何でもいいから、自分が夢中になれるものがあると、幸せだと思います。私の場合は、たまたま杉田梅に出合い、人生の楽しみと一生の仕事を見つけることができました。夢中になれるものに出合うということは、飽きることなく続けられ、探究心が生まれるということなんですね。年齢を重ねると、そのパッションが生きる力の根源になります。

70歳で始めた杉田梅の専門店

杉田梅の専門店「延楽梅花堂」は、70歳から始めました。それまで代官山で営んでいた日本料理店の「延楽」に、梅干し屋なので「梅花堂」をつけました。

お店といっても名ばかりで、東京・世田谷の住宅街で看板も出さずにひっそりと営業しています。みなさん訪ねてこられると「ここがお店ですか？」と驚かれます。「延楽梅花堂」は杉田梅にほれ込み、勤めていた会社を退職し手伝ってくれている小野弘樹さんを中心に、家内工業的にこぢんまりとした規模で展開しています。

会社の年間スケジュールは、季節ごとの百貨店での展示販売や、音楽フェス出店が中心です。どちらももう20年以上続いている恒例行事です。梅干し作りなどの梅仕事、商品の卸、植林活動もあるわけですから、光陰矢の如しであっという間に1年が過ぎていきます。うちの製品はすべてが手作業ですから、私もスタッフもほぼ３６５日梅と向き合っていることになります。

梅は知れば知るほど奥が深く、日々挑戦状を突き付けられているような気分なんです。その答えを考えることは、「ここがつながるからこうなるのか」という、パズルのピースを埋めていくような面白さがあるんですね。ようやく好きな梅仕事に没頭できるようになり、毎日が楽しくてなりません。

玄関スペースを利用した「延楽梅花堂」は、梅干しの壺や梅酒の瓶が並ぶ実験室的なたたずまい。皆さんドアを開けると「梅のいい香りがする」とおっしゃいます。

たかが梅、されど梅。
梅のない生活なんて考えられません。
私にとって梅は生命線なんです。

生きている限りは
ずっと現役で
いたいと思っています。

おせちと音楽フェスで師走は戦い

「延楽」を営んでいた頃の年末年始は、今思い返してもよく命があったものだというくらい慌ただしい日々でした。

12月は大きなイベントが二つ重なるんです。一つは百貨店へのおせち料理の納品で、もう一つは年越しを迎える4日間にわたる音楽フェスへの出店です。とにかく、この二つが無事に終わらない限り、お正月は迎えられませんでした。師走の調理場はまさに戦場。料理人と私は敵味方というくらい、活気を通り越して殺気立っていましたね。まだ若かったとはいえ、本当によくやっていたと思います。これもひとえにご縁のあった方々やフェスのスタッフの皆さんのおかげです。

徹夜続きの日々

12月に入るや否や、年越し音楽フェスの出店準備が始まり、途中からおせち料理の仕込みも入ってきて忙しさが加速していきます。昔も今もうちはすべてが手作りですので、材料手配から仕入れ、仕込み、仕上がりまで1か月弱はかかります。

フェス用のお雑煮やおそば、梅ジュースなどの具材は前日までに仕込み、当日は会場で石臼を使ってお餅つきのイベントを行います。若い人にも古き良き日本のお正月の空気を感じていただきたい、という思いから始めたお餅つきですが、毎年行列ができるほど好評なんです。お餅つきを見て、年越しそばを食べて、お雑煮をいただく。お正月に対する日本人のＤＮＡって根強いんだなとうれしくなります。

一方、おせち料理は、「延楽」の頃は数が多かったので、連日深夜まで煮しめや黒豆などの仕込みや、数の子やからすみの下準備に追われていました。スタッフはフェスとおせちと二手に分かれていましたが、私は兼任でフェスの会場から調理場へ直行し、朝を迎えるという徹夜続きの日々でした。

最近は、おせちを作るのは身内の規模になったので、随分と楽になりました。ここ数年は、「もう今年が最後かな」と思いながら作るようになりましたね。潔くやめられないのは30年以上も懇意にしてくださっているお客様がいらっしゃるから。それに加え、私自身、フードの世界が長いでしょう。良くも悪くも、おせちで1年を締めくくる習慣がしみついちゃっているんですね。ただ、おせち料理は本来、神様に捧げるお料理ですから、そういう精神で作ることは一生続けていきたいと思っています。

2022（令和4）年のカウントダウン・ジャパンでのお餅つきは、日を追うごとに人が増え、列ができるほどになりました。皆さん立ち止まって楽しそうに見てくださいました。

年末のロック・フェスティバルでの人気メニューは、お正月らしい伊勢えびが入ったお雑煮。毎回早い者勝ちです。

おせち料理と梅酢

梅酢のことは既にご紹介しましたが、ここではおせち料理と梅酢についてお話しさせていただきます。

保存食であるおせち料理に梅酢を使う一番の目的は、防腐効果や抗菌作用に優れているためです。他にも梅酢には多くの利点があります。

・肉や魚を極上に

肉や魚の下ごしらえに梅酢をかけておくと、クエン酸が細胞を活性化し、臭みが取れ、ジューシーに柔らかく仕上がります。うまみが引き出されるので、素材がよりおいしくなります。

・伊勢えびやかにの赤みがアップ

食材を湯がくときに梅酢を少量お使いください。アントシアニンの働きで、赤色がより鮮やかに仕上がります。

・野菜の漬け汁に

ちょろぎやれんこん、なます大根は、漬け汁に梅酢を使うときれいなピンク色に仕上がり、食感もシャキシャキになります。

・昆布巻きや煮しめをよりおいしく

昆布巻きの昆布は、梅酢を少量入れて煮ると柔らかさと風味が増します。お煮しめの煮汁に加えると根菜類の火の通りが早くなり、短時間で味もしみやすくなります。里芋は下ゆでのときから梅酢を使うとぬめりがすっきり取れ、持ちもよくなります。

・黒豆がふっくら仕上がる

黒豆を煮るとき、豆（乾燥）３００ｇに対して、梅酢（赤でも白でもよい）を小さじ½ほど入れます。黒豆に弾力が出て、ふっくらと仕上がり、色つやもよくなります。

・お餅がやわらかくなりカビも防ぐ

ご家庭でお餅を作るときに、もち米1合に対してシュガースプーン2杯の梅酢（できれば赤梅酢）を入れてみてください。お餅がいつまでもやわらかくなり、甘みが増します。梅酢の抗菌作用でカビも出にくくなります。

梅酢を使うと料理の味を濃くすることなく、持ちや風味を良くすることができます。また、梅酢には消化作用を助ける働きもあります。ごく薄くした梅酢水を、食前または食後に少量飲むと、食べ過ぎてしまうお正月でも胸焼けしにくいといわれます。

どうぞ梅酢の力を新年にもお役立てください。

昔から保存食のおせち料理に欠かせないのが梅酢でした。梅酢は、天然の防腐剤であり発色剤。「ハレ」の日の料理を一段と美しく仕上げてくれます。

「杉田梅を守り育てる会」のこと

梅は寒い冬に他の樹木に先駆け、一番に花を咲かせ、春を告げる強い生命力を持っています。これにあやかり、お正月は全国にお嫁入りさせた杉田梅が健やかに育つようにと願いを込めてお餅をつき、梅の神様に感謝しながらおせち料理をいただきます。

このとき集まってくれるのが、「杉田梅を守り育てる会」の方たちです。2年前にメンバーの方の提案でクラウドファンディングを立ち上げ、熊本県阿蘇市の雄大な自然の懐で杉田梅を植樹しました。昨年の春、苗木が無事に根付いたといううれしいお知らせが届きました。このまま順調に育ってくれれば、10年後には立派な杉田梅が実をつけ始めるでしょう。

サッカー元日本代表監督の岡田武史さんが代表を務める愛媛県今治市のサッカークラブ「FC今治」の里山スタジアムにも、杉田梅を寄贈させていただきました。「自然・景観と共生しながら、物の豊かさよりも文化的な豊かさを味わえる拠点を作る」という理念に感銘を受けたからです。杉田梅が日本のさまざまな場所に根を下ろし、次世代へのバトンを確実につないでいってくれています。

2021（令和3）年に阿蘇のアイスクリーム屋さんの山に杉田梅の苗木を植樹しました。一緒に写っているのは、お店を営むご夫婦とその息子さん。

P137 毎年お餅をついてくださるのは、「杉田梅を守り育てる会」の方たち。20年かけて杉田梅の植樹を広げる活動をしてきた私を、サポートしてくださっています。

学びと探究心

この歳になると日常的な刺激に出合うだけで、「ああ、生きているんだな」と実感できるようになります。それはときに人にイラッとすることだったり、映画や本、音楽を観賞したり、真っ赤に燃えるようなドウダンツツジを見たときだったりします。

このお正月休みもチャップリンの映画を観ていて、ふと思ったことがありました。私は小学生のときから何事にも真剣に取り組まなきゃいけないと考える性質でした。でも、もう年齢的にも成就しなかったことを一所懸命悩む時間はない、方向を変えて物事を多少コミカルに考えていこうかな、と思ったんです。その点では、人生の皮肉と哀愁を盛り込んだ喜劇を自作自演したチャップリンは天才でしょう。これからの人生は、彼の生き方を少し見習ってみようと思っています。

極上に出会ったとき、最高のエネルギーが発揮される

サッカーの試合も観戦中はハラハラして生きている実感がありますね。

あのスピード感や魂と魂がぶつかり合うような激しさに、心が持っていかれるんで

昨年の秋、公園を散歩していたら、真っ赤なドウダンツツジが目に飛び込んできて、その美しさに思わず駆け寄りました。これだけで細胞が大いに刺激されました。

す。だから、2022（令和4）年のFIFAワールドカップもまことに面白くて目が離せませんでした。いつの間にか画面に引き込まれ、手に汗握る展開に大いに細胞が刺激され、感動と元気をもらいました。

いくつかの試合を見て思ったんですけれど、人間は自分より優秀な相手に出会ったときに本人も予想していなかったようなエネルギーを発揮することができるんですね。もちろん、それは日頃から練習を重ね、鍛えておかなければ十分な力を引き出せないのですが。あらゆる状況に対処できる力を自分なりに分析し育てていくということはどの世界でも大事なんだと思いました。

先日、知り合いの美術商の方に、名人と呼ばれる方の作品作りについてお話を伺う機会がありました。

「乗松さん、名人とは人の40倍努力しても、いまだに自分は達人の域には達していないと思い、努力し続けていらっしゃる方のことをいいます」とおっしゃっていました。それほどまでに……と思わず息をのみましたが、梅も同じで、秀逸の中の秀逸というものは、そんなにたやすくできるものではないんですね。何においても、その道を極めるには努力や精進をし続けることが大切であることを、このとき改めて心に刻みました。

冬の思い出

私の実家は四国八十八箇所でも知られる愛媛県です。うちはお遍路道に近く、鮮魚店を営んでいたものですから、多少の食べ物の蓄えもあり、お遍路さんが訪ねてこられるのは日常茶飯事でした。

両親は忙しかったし、姉や兄たちはあまり関わらなかったから、お接待するのは私の役割のようになりました。冬の寒い日の夕方にお遍路さんが見えると、宿泊場所に案内していました。

托鉢《たくはつ》のお坊さんもよくいらっしゃいました。玄関でちりんと鈴の音が聞こえたら家中を見回して、果物など差し上げるものを探しました。何もないときは、裏のおうちの木から、おみかんをもがせてもらったりしてね。今思えば、大分行き過ぎた行いでしたが、当時は子ども心に何かお役に立ちたいという一心でした。

でもね、人様のお役に立つことをして喜んでいただくと、自分の心がフワッと豊かになるんです。そして、必ずその方たちから温かい言葉がいただけました。

子ども心にもうれしくて、今でも時々思い出します。それは、私にとっては何物にも代えられない幸せなんですよね。

木の上からの眺め

実家のある東温市は海に面していない内陸にある町です。冬はよく母と一緒に、山の傾斜に面した畑に里芋やさつまいもの水やりに行きました。水を運ぶのは結構な労働で、休憩のときは大きな柿の木に登るのが楽しみでした。

初めて柿の木に登ったときに見た、寒中の澄んだ空気の中でキラキラと眩しく輝いていた海の美しさは別世界でしたね。

遥か彼方の水平線を眺め、未知の国に思いを馳せていました。下界に降りると、木の上から『アルプスの少女ハイジ』の物語や風の様子が見えたと、そんな幻想を友だちに話すものだから、ハイジを見たがった子どもたちが柿の木の下に並んじゃったこともありましたね。天気の良い日は、落ちないようにひもで身体を木に結んでよく昼寝をしていました。

大人になって梅仕事を始めてからも、木に登り梅の実や花を摘む機会が何度かありました。木登りは何十年ぶりかだったのに足の掛け方からバランスの取り方まで、子どもの頃の感覚を身体が覚えているんですね。忍者のような軽やかな身のこなしに周りの人たちはびっくりしていました。子どものとき以来の木登りで、このとき木の上

香りのいい梅を見つけたときはカゴを片手にサッと木に登り、梅酒用の花を摘んでいました。木登りは子どもの頃から得意でした。

から見えたのは一面の曽我の梅林と、それを見守るようにそびえる富士山の姿でした。

梅の香りを聞くとよみがえる思い出

冬の梅林が好きです。毎年、梅の花が咲き始める前から開花の頃まで、何度か小田原の穂坂梅林を訪ねます。

寒中でも古木の脇からけなげに出ている新梢《しんしょう》を見つけると、私の中の元気が一つ貯金されます。山育ちのせいか自然の中に身を置き、寒中の凛《りん》とした風に当たっていると、日常事でピノキオのようにバラバラになっていた手足や思考がスーッと一つに整ってきます。

杉田梅の花が咲き始める頃は、馥郁《ふくいく》たる梅の香りに春の訪れを感じ、今年も無事に梅林へ来られたことを梅の神様に感謝します。

もう随分前に女優の樹木希林さんと貴重な古木の杉田梅を観梅のために訪れたとき、今まで聞いたことがないような香りに出合うことができました。それは身体中の血液までもが浄化され、澄んでいくような、透明感のある香りでした。このとき希林さんは「神《かん》さび梅」という言葉を口にし、「神さびの梅　神さびた梅　古びて　光々　神々しい様」と、ご自身の雑記帳に書きつづりました。

毎年、梅の香りを聞くたびによみがえる思い出です。

希林さんは、私が書いた『宿福の梅ばなし』の本に「神さび梅」のことをつづった紙を挟んでいたそうです。

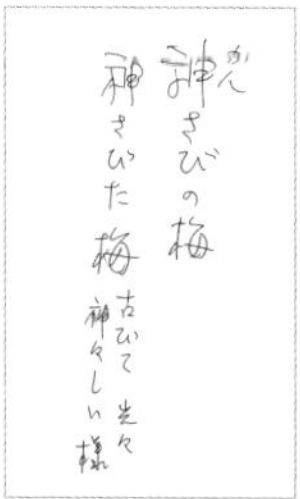

P143上　梅は凍えるような寒さの中でも花を咲かせ、真っ先に春を告げてくれます。冬の梅林は、梅の花のエネルギーに満ちあふれています。

P143下　古木から花芽を持たない新芽をいただき、地下植えをすると、翌年かれんな花を咲かせます。

忘れられない海外の梅物語

日本以外の国でも梅に似たような木や果実は存在します。ただ、これほどしっかりとした酸味を持っているのは、やはり日本の梅が最強ではないでしょうか。「味路喜」や「延楽」の時代から、私が梅好きということを知っているお客様たちがさまざまな国の梅をプレゼントしてくださいました。

私がこれまでご縁をいただいた、海外の方との忘れられない梅物語をご紹介させていただきます。

ラオスの梅肉エキス

昔、冬にラオスへ行ったときのことです。食事の前に、「お疲れでしょうから」と、小さいグラスに入った茶色い液体の飲み物が出てきました。周りを見回すと、同行の方も飲んでいらっしゃる。恐る恐る飲んでみたら、梅肉エキスのような酸味を感じました。聞けば、ラオスの梅を使った梅肉エキスとのことです。でも、煮詰めてはいないそうです。

作り方は、梅を潰して混ぜ、地酒とともに素焼きの壺に入れて軒下に置いておきます。毎日混ぜると水分がとび、5分の1くらいの量になったら完成とのことでした。火は使わないけれど一切傷まず、しっかりとした酸味もあります。味は地酒に近く、料理のソースなどにも使うそうです。原料の梅の実を見せていただくと、赤色と黄色があり、小さくてさくらんぼのようにツルッとしていました。

日本も江戸時代までは梅肉エキスを作るとき、ドロドロにして天日干しにしていたそうです。日本の場合は、梅雨どきに晴れる日が少なく、梅がどうしても傷むので、火で煮詰めるようになったといいます。同じ食材を使うのでも、それぞれの気候風土に寄り添って作り上げていく。日本とラオスの先人たちの知恵に改めて敬仰の念を抱いたのでした。

ポーランド人の知恵

「乗松さん、貴重な在来種の種は人目につかないところに植えておくんです」

「延楽」でお正月料理を召し上がりながら、そう教えてくれたのは友人のポーランド人の青年でした。彼の家ではロシアの侵略に備えて、ポーランド名産の原種のりんごやベリー類を森の奥に植えて代々守ってきたそうです。

その経験から、杉田梅のように稀少で本当に大切なものを後世に残していきたいと

私の梅好きを知り、お客様や知人がプレゼントしてくださった世界の梅の数々です。瓶の中の中央に白っぽく見える小粒の梅がラオスのもの。

きは、人目につかないところに植えて育てていくのがよいとアドバイスしてくださったのです。

　このとき初めて知ったのですが、ポーランドにも梅に近いプラムがあるそうです。あちらでは旬のフルーツでジャムを作る習慣があります。彼のお母様はプラムでジャムを作り、その抗菌作用を活かしているそうです。例えば、りんごのジャムを作るときは、プラムのジャムを防腐剤代わりにブレンドしています。プラムの抗菌作用のことを、海の向こうの方もちゃんとご存じなのには感心しました。

　ほかにも、いちごやベリー、プラムで作ったジャムを13種類ほどいただきました。どれも甘さ控えめで、しっかりと主役のフルーツの味が立っていました。長期間おいてもかびや傷みが出たものは一切ありませんでした。ビタミン豊富なフルーツジャムは風邪予防としても食されるそうです。

　こんなにもたくさんのジャムを、ポーランドから私のところへ届けてくださったお心遣いに深く感謝いたしました。

　私もジャムを作り始めたときは日持ちが気になったので、50年前のものから取ってあるんです。今日まで傷んだものはなく、おいしくいただけます。これもクエン酸の抗菌効果のなせる業なのですね。

梅ジャムの作り方

黄熟梅または完熟梅で作る梅ジャムの作り方をご紹介します。食べやすく料理にもよく合います。今回はこさずに種を残していますが、気になる方はこして種を取ってから保存瓶に入れてください。

なお、青梅は青酸配糖体があるので、素人の方が青梅でジャムを作るのはおすすめしません。

用意するもの

保存瓶（1.5ℓ）

材料

黄熟梅または完熟梅（無農薬や減農薬のもの）　1.2kg
ホワイトリカー（アルコール度数35度。梅の洗浄用）　500mℓ
ホワイトリカー（アルコール度数35度。保存瓶の消毒用）
　スプレーで瓶全体に行きわたるくらいの量（100mℓ目安）
梅ジュース（P081）　700〜800mℓ
A　生蜂蜜　100g
　きび砂糖　300g
　三温糖　200g
　コアントロー　50mℓ

下準備

秘伝の梅干し作り（P065①〜③）と同じ。

作り方

① ホワイトリカーで保存瓶を消毒する。
② 鍋に梅ジュースとAを入れ、中火で10分ほど煮る。
③ ②が熱いうちに梅を入れ、ときどきかき混ぜながら中火で20〜30分煮る。梅が煮崩れてもよい。
④ 火を止め、冷めるまでおいておく。冷めたら保存瓶に入れる。

＊梅ジャムは梅ジュース（P081）で使った梅で作ることもできます。その場合は、1kgの梅に対し、梅ジュース600〜700mℓ、生蜂蜜100g、きび砂糖200g、三温糖200g、コアントロー50mℓで作ります。煮る時間は15〜20分にします。

中央が今回ご紹介した梅ジャム。左は40余年前の梅肉エキスをブレンドした梅ジャム。酸味が効いていてお肉のソースなどに合います。右は青梅から作った梅ジャムです。

梅の神様

私の足掛け50年の梅仕事を振り返りますと、何よりも驚かされるのは地球環境の変化です。温暖化の影響が大きいと思いますが、まさか自分が生きている間に品種改良の梅が大きなダメージを受け、再び野梅系の梅がこんなに早く見直される時代がくるとは思いもしませんでした。

災害も増えると思われるこれからの時代、もしかしたら、昔のように多くの家庭で日常的に梅干し作りが行われる日がくるかもしれません。これからお話しする二つの出来事からも、梅には物事を巡らせ、循環させる力があるように思えてなりません。

伝説の小料理屋「丸梅」の500年前の梅干し

2020（令和2）年の年の瀬に、忘れられない出来事がありました。この日、私は例年のようにおせち料理の仕込みをしていました。旧友が興奮した様子でやってくると、「これ、のりまっちゃんのところにあった方がいいと思うから」と、風呂敷包みをドンと私の目の前に置くのです。風呂敷を広げて中から出てきたのは、見覚えの

かつて「丸梅」でお米のとぎ方を見せていただいたことがあります。流しは立派な木造りで、まずは熱湯をザァーッとかけてとぎ汁の汚れが入らないようにしてから始めるんです。何事も徹底していらっしゃいました。左が二代目女将の井上紀子さん。

ある木札のついた梅干しのミイラでした。このとき私は、長年生き別れになっていた子どもと再会を果たしたくらい感動し、声も出ませんでした。これこそ、四谷にあった伝説の小料理屋「丸梅」の500年前の梅干しだったのです。

「丸梅」は一日一組しか予約ができないお店でした。「ご飯とみそ汁、漬物（梅干し）ほど大事なものはない」という考え方で、ご飯はピカピカに磨きあげた羽釜を使って薪《まき》で炊き、みそ汁は通常の3倍の量のしじみを使い、身は入れずスープだけ。梅干しと漬物は毎年専門の方がいらして漬けていました。何でもない日常のご飯が、ここではすべて極上の味わいでした。

「辻留」時代に何度か手伝いに伺い、その際に二代目の女将・井上紀子さんから、この梅干しが赤穂の軍糧として作られたものであることを聞かされていました。もう40年以上前のことです。女将さんは私の梅好きをご存じで、500年前の梅干しをくださるとおっしゃったのですが、恐れ多くて辞退してしまったんです。でもその後、悔やみましてね。

それがこうして私のところにきてくれるなんて。「くるべきところに戻ってきたのよ」と旧友は言います。私には梅の神様のお導きとしか思えませんでした。

500年前の梅干し。今はまだ梅酢につけていますが、梅の体力を見ながら少しずつ養生をしていきたいと思っています。

老木の命をつないで

30年ほど前になりますが、おそらく関東一古いだろうといわれていた杉田梅の木が神奈川県にありました。木の半分の枝は、枯れ始めていました。この老木を地主の方の協力を得て3年がかりでよみがえらせ、いい香りを放つ花まで咲かせるようになっていたんです。

蜂が梅花に舞い集うと周辺が輝くようにパーッと明るくなり、全身に何とも表現しがたい感動を覚えたのを今でもはっきりと覚えています。

残念ながら今はこの老木はございません。でも、以前、樹木希林さんと観梅したときに枝をいただき、接ぎ木苗にして、広島の知り合いの山に植樹していたんです。順調に育っていたのですが、鹿の被害に遭ってしまい、新しい場所を探しているときにたまたま同じ広島で杉田梅を育てたいという方が現れて、そちらに移植しました。全部が全部根付くわけではないから、残った苗木は尊くいとおしいんです。

そこから数回は梅の実を送ってきてくださっていたのですが、気象条件などにより、梅の実が届かなくなってしまいました。私は何としてもこの梅の老木の命をつなぎたかったので、どんな状態のものでもいいから梅の実を送っていただけるだけ送っていただきました。難しいことは知っていましたが、実生《みしょう》から育てようと思ったのです。私の思いが通じたのか、奇跡的に何本かの芽が出始めたときは、うれしさと安堵で感

樹齢推定500年の老木の枝。30年ほど前に切られたものですが、いまだに威厳が漂っています。この老木から取れた梅の種を割り、中に「天神様」と書き、お守り代わりにしています。

無量になりました。

昨年は200本の苗木を九州から北陸の皆様にお送りしました。その中に実生から育てた苗木もありました。私としても特別な思いがある苗木ですから、根付きやすい土地の方を探していたんです。

そうしたら現れたんですね、梅干しが好きな知人の紹介で。それが、なんと広島の方だったんです。経緯を何もお伝えしていなかったので、苗木の送り先の住所を伺ったときは、心臓が止まりそうになりました。不思議なご縁でしょう。梅の神様の配剤というか、結果的に老木にとっていちばんいい土地だった広島に根を下ろすことができたんですね。

この老木が芽生えたといわれている500年前の日本は、室町時代。戦乱の世でありつつ、日本文化が大きく栄えた時代です。さまざまな時代を生き抜き、何度も危機を乗り超えてきた老木の命を未来へつなぐことができたら……。こんなロマンってないじゃないですか。

これから10年後、500年の命を持つ木はどんな梅の実をつけてくれるのか。それを見届けるまでは元気でいたいと思うのです。

実生から育てた老木の苗木。いろいろ方々の協力のおかげで、何とか命をつなぐことができました。

梅酢を使ったおもてなし料理

——海の幸と山の幸を盛り込んだ祝い膳

実家が鮮魚店だったので、我が家の祝い膳には伊勢えびやあわびが必ず登場しました。私は伊勢えびをむくのが得意で、お祝いごとが続くとよく父の仕事を手伝わされました。今でもおめでたい席の料理を考えるとき、真っ先に頭に浮かぶのが伊勢えびやあわびです。

今回の祝い膳の主役は、冬瓜の水晶煮と真っ赤な伊勢えびです。よりおいしく鮮やかに仕上げるのに一役買ってくれるのが、梅酢です。牛肉や鶏肉も梅酢を使うと柔らかく、ジューシーになります。余計な脂が落ちてさっぱり仕上がるので、胸やけもしません。

私が梅酢の賢い働きに気づいた

のは、梅仕事を東京で始めた頃でした。実家では、朝に水揚げされた魚をその日中に食べるのが当たり前でしたから、東京の魚は生臭くて食べられませんでした。あるとき、梅酢を刺身のしょうゆや魚の身に使ってみたんです。そうしたら消臭効果だけでなく、食材の味や発色がよくなり、日持ちもするようになりました。これには驚きましたね。梅酢は知れば知るほど発見があります。
見た目と味が問われるおもてなし料理では、梅酢はなくてはならない万能調味料です。

伊勢えびと冬瓜の水晶煮

材料（作りやすい分量）

伊勢えび（中・180〜200g）　2尾

A ─ 日本酒　日本酒7と水3の割合で伊勢えびがひたひたになるくらいの量（1.5ℓ目安）
　 ─ 梅酢（赤でも白でもよい）　20mℓ

B ─ 薄口しょうゆ　大さじ3
　 ─ みりん　大さじ2

冬瓜　¼個
水　冬瓜がひたひたになるくらいの量
梅酢（赤でも白でもよい）　適量
くず粉　50g
ゆずの皮　適量

作り方

① 伊勢えびの触角は糸で留める。鍋にAと伊勢えびを入れ中火にかける。落としぶたをし、沸騰したら上下を返し弱火で20分ゆでる。ゆで上がった身はひと口大に切る。

② 鍋にBと①のゆで汁をこして入れ、中火にかける。ひと煮立ちしたら火を止めて冷ます。伊勢えびの身を入れ、10分ほどつけて取り出す。

③ 冬瓜は皮を薄くむき、ひと口大に切る。鍋に水を入れて沸かし、梅酢を入れる。冬瓜を入れて中火で4〜5分ゆで、ザルにあけておく。冬瓜はゆで過ぎないように注意する。

④ ②の汁に冬瓜を入れる。中火にかけてひと煮立ちさせ、冬瓜を取り出す。

⑤ ④の汁を味見し、味が足りない場合は、薄口しょうゆとみりん（ともに分量外）で調える。水大さじ2（分量外）で溶いたくず粉を入れ、とろみをつける。

⑥ 器に伊勢えびの殻と身、冬瓜、ゆずの皮を盛り付け、⑤をかける。

ゆり根と黒豆の梅肉あえ

材料（作りやすい分量）

黒豆（乾燥）　150g
＊市販の水煮でも可。その場合は甘みを加える。

米のとぎ汁（2回目のもの）　黒豆がかぶるくらいの量

梅酢（赤でも白でもよい）　大さじ2

A
- 三温糖　50g
- 和三盆　50g
- 水飴　適量
- みりん　大さじ1

ゆり根　1個

水　ゆり根がひたひたになるくらいの量

梅酢（赤でも白でもよい）　小さじ1

干し柿　2個

梅干し　2〜3個

昆布だし　100mℓ

青菜　適量

作り方

① 黒豆は優しく洗う。

② 鍋に梅酢大さじ1を入れる。黒豆と人肌に温めた米のとぎ汁を黒豆が十分にかぶるくらい入れ、1日半つけておく。

③ ②を弱火にかけ、梅酢大さじ1を入れる。落としぶたをして7割柔らかくなるまで弱火で煮る。ひと晩おき、翌日柔らかくなるまで煮る。Aを加え、弱火で1〜1時間半煮て仕上げる。

④ ゆり根はおがくずを水で洗い流し、外側のりん片をはずす。根元は包丁で切り落とす。りん片を1枚ずつはがして水洗いする。鍋に水を入れて沸かし、梅酢小さじ1を入れる。ゆり根を入れ中火にかけ、煮立ったら火を止める。

⑤ 干し柿は1cm角に切る。梅干しは種を取り、包丁で実をたたいて梅肉を作り、昆布だしと混ぜる。

⑥ ボウルに⑤と黒豆、ゆり根、干し柿、ゆでた青菜を入れあえる。

牛塊肉と鶏手羽先肉の梅酢ソテー

材料（作りやすい分量）
牛もも塊肉　500g
鶏手羽先肉　5本
梅酢（赤でも白でもよい）　適量
粗びき黒こしょう　適量
にんにく（薄切り）　1かけ
オリーブオイル 大さじ4×2回分
濃いめの赤梅酢　50㎖
＊ない場合は梅干し3〜5個を種を取り、包丁で実をたたいて梅肉を作り、煮切り酒50㎖と混ぜる。

作り方
① 牛肉と鶏手羽先肉は皿に載せ、竹串で数か所刺して梅酢をふる。皿を斜めにしてラップをかけ30〜40分おき、出てきた水分をペーパータオルで拭く。鶏手羽先肉はこしょうをふる。
② 牛肉は筋の部分を再度竹串で刺し、濃いめの赤梅酢とこしょうを全体にすり込み、さらに20分おく。
③ フライパンにオリーブオイル大さじ4と薄切りにしたにんにくを入れ、鶏手羽先肉を強めの中火でふたをして焼く。こんがりときつね色になったら裏返して同様にする。新しいフライパンにオリーブオイル大さじ4を入れ、牛肉を転がしながら同様に焼く。肉の焼き加減はお好みで。
④ 牛肉は薄切りにする。好みで濃口しょうゆ1：梅ジャム2（P147）（ともに分量外）の割合で混ぜ合わせてソースを作り、料理に添える。

蒸しあわび

材料（作りやすい分量）
あわび　2個
梅酢（赤でも白でもよい。洗浄用）　適量
A
日本酒　500㎖
梅酢（赤でも白でもよい）　大さじ1〜2
薄口しょうゆ　大さじ1

作り方
① あわびは梅酢をふったたわしで殻を丁寧に洗う。身は軽く洗う。
② 鍋にあわびとAを入れ、落としぶたをして柔らかくなるまで中火で18〜20分蒸し煮する。
③ あわびの身を殻から外す。身を小口切りにして殻に盛り付ける。好みで濃口しょうゆ1：梅ジャム2（P147）（ともに分量外）の割合で混ぜ合わせ、あれば梅肉エキス適量（分量外。P076）を加えてソースを作り、あわびに添える。

天神様のおこわ

材料（3合分）
もち米　3合
赤梅酢　大さじ3
梅の仁　適量

作り方
① もち米はといで、赤梅酢を入れた水（分量外）に入れ、ひと晩浸水させる。
② 炊飯器にもち米を入れ、水（分量外）を白米の3合の目盛りまで注ぎ、炊飯する。
② もち米が蒸し上がったら、梅の仁を入れて混ぜ、茶碗によそう。

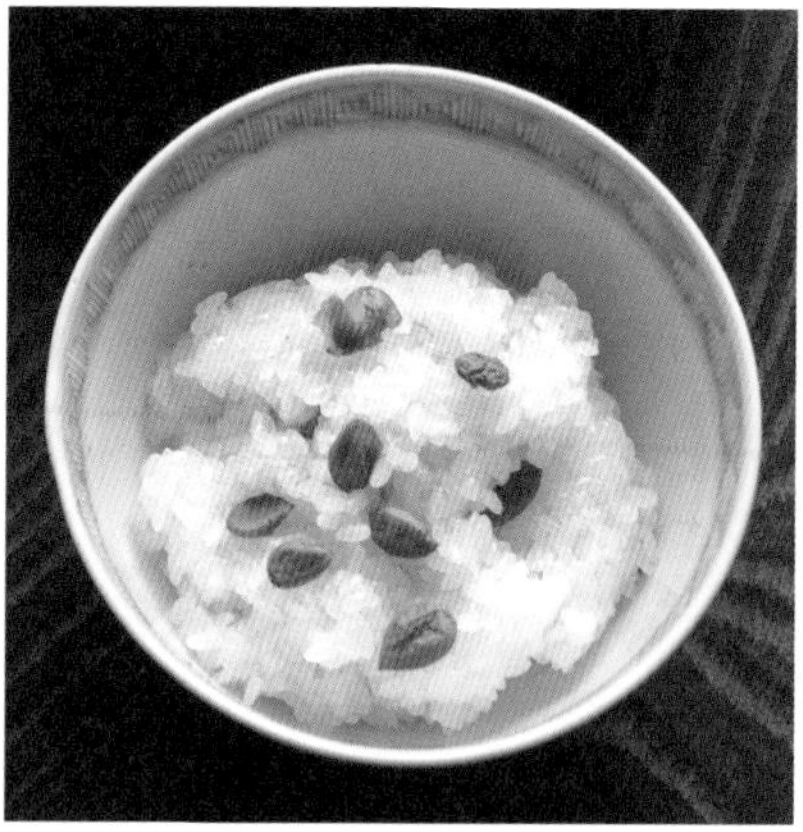

第6章 内田也哉子さんを迎えて

乗松さんは長年、女優の樹木希林さんと
親しくお付き合いしてきました。
最後に、希林さんの長女で文筆家の
内田也哉子さんをゲストに迎えて、
梅仕事や子育て、日々の食事、
手間をかけることの大切さ、そして、
樹木希林さんとの思い出を語り合いました。
合間には、乗松さんが内田さんに、
梅酢を使ったおむすびの作り方を手ほどきしました。

内田家と乗松さんの梅干し

内田　今日は乗松さんに、私たち家族が長年いただいている杉田梅のことを教えてもらいに来ました。

乗松　あらまぁ。そんな改めて(笑)。ようこそ、お出ましくださいました。

内田　玄関を入った瞬間から梅のいい香りに包まれました。

乗松　先ほどまでね、梅肉エキスを煮詰めていたんです。

内田　梅肉エキスは身体にいいんですよね。真っ黒いゼリー状になったトロリとしたエキスをお湯に溶いて、蜂蜜を混ぜて飲む。そうすると、風邪知らず、疲れ知らず。元気になれます。

乗松　お母様は「唾液がたくさん出るから、消化が助けられて栄養の吸収がよくなって元気になるのかもしれない」とおっしゃっていました。うちにはお母様用の梅肉エキスの大きな瓶がありますが、ほぼ空になっています。

内田　母は10年以上飲んでいましたものね。

乗松　この梅肉エキスは青梅を長時間煮詰めて作るのだけれど、仕上がる直前に水蒸気が上がってその後、サーッと後光が差すように煙が上がるんです。そのとき立つ香りがつらくてつらくて。目にしみて涙がボロボロ出るんです。

内田　もしかしたら、その煙にはものすごい殺菌効果があるんじゃないですか。だから、乗松さんは82歳なのに、

「お母様は『唾液がたくさん出るから、
消化が助けられて栄養の吸収がよくなって
元気になるのかもしれない』とおっしゃっていました」（乗松）

肌がこんなにツルツルでツヤツヤ。シミもないんですね。

乗松　この煙が全身を浄化して、元気をくれるのかもしれませんね。この瞬間は1人でいたいから、昔から誰もいない時間に梅肉エキスを作るようにしているんです。

内田　それは精神を統一するメディテーションのようなもの？

乗松　そうそう、まさしく！　心の中で手を合わせてお祈りするような気持ちになります。でもね、クエン酸濃度が高い野梅《やばい》系の杉田梅じゃないとこうはいかないの。

内田　なるほど。杉田梅はクエン酸が多いから、梅肉エキスも梅干しも顔が曲がるほど酸っぱくて、煙も立つんですね。

乗松　梅の命はやはりクエン酸なんです。クエン酸の含有量が多い梅ほど、疲労回復が早かったり、血液の巡りをよくしてくれたり、人に有益な働きをしてくれるのでしょう。

内田　杉田梅は幻といわれていますが、そんなに希少なんですか？

乗松　杉田梅は日本古来の野梅系で、品種改良を一切していない貴重な梅なんです。私は神奈川県小田原市の穂坂梅林から樹齢の古い杉田梅をいただいていますが、もともとは神奈川県横浜市磯子区の杉田地区に由来し、実が大きいことから「大梅」や「青梅」とも呼ばれていたそうです。産出量が少ないことと、一時市場から消えかけたこ

「簡単に商品化できるものを私たち現代人は求めているから、
杉田梅みたいに時間と手間暇がかかるものは
もう要らない、ということになってしまったんですね」（内田）

とがあって「幻の梅」と呼ばれるようになったんです。

内田　そんなに価値のある杉田梅が、市場から消えそうになっていたのはなぜ？

乗松　昔ながらの杉田梅は酸っぱくて、大粒だから一度に食べられない。しかも皮が柔らかいから干すときにくっついて破けやすい。要するに、商品としては一朝一夕にいかないから扱いにくいんです。

内田　もっと早く簡単に商品化できるものを私たち現代人は求めているから、杉田梅みたいに時間と手間暇がかかるものはもう要らない、ということになってしまったんですね。

乗松　そうです、そうです。昔ながらの杉田梅は伐採してしまって、生産効率がよく、扱いやすい品種改良の梅を増やそうと。

内田　これは危険なことですね。杉田梅に限らず、世の中広く見渡しても大体そういう傾向にありますよね。

乗松　そうなってきたでしょう。

内田　人間っていうのは、便利な方へ楽な方へといきますね。自分ももちろんその恩恵にあずかっているところもあるけれど。そういうことを乗松さんは、杉田梅を通してひしひしと感じていらっしゃるんですね。

乗松　そう。このままでは日本古来の野梅系の梅がダメになってしまうと思って。当時、私が代官山で店主を務めていた和食料理店の「延楽」には全国

からお客様がお見えになったので、杉田梅のお話をして、関心を持ってくださった方に苗をプレゼントして育ててもらっていたんです。もちろん小田原の農家の方々のお宅にも訪ね、「収穫した梅は私が責任を持って引き取りますから、どうか木を切らないで育ててください」とお願いして歩きました。

内田　乗松さんの真摯な思いが杉田梅を救ったんですね。苗木は育つ木、育たない木があるから、それを見越して日本の北から南まで、あらゆる環境に杉田梅の苗を植えてもらって。

乗松　そうです、そうです。山や海辺、平地や個人の庭にも植えていただきました。自然環境とそれを見守る人間の思想、そして活用する知恵という三者がそろって、杉田梅を残せたらいちばんいいじゃないですか。

内田　知恵や教訓を活かせば、大切なものは守ることができる。そして、世の中はもっといい方向へ変わっていきますよね。

室町時代に漬けられた500年前の梅干し

内田　乗松さんのところは、代々の梅干しや梅のアルコール漬けなどの瓶が標本のように並んでいますね。この真っ黒で干からびたミイラのような梅干しは何年前のものなんですか？

乗松　500年前の室町時代に軍糧として漬けられた赤穂の梅干しなんです。

内田　えーっ！　500年も前の梅干しが時空を超えて今の時代に存在しているなんて！　梅干しの生命力の強さにロマンを感じます。まさにこれは梅ロマン！

乗松　こうして生き続けられるのが野梅系の梅のたくましさなんです。実はね、この梅干しとは私が30代の頃、一度出合っているんです。持ち主の方が譲ってくださるとおっしゃったのですが、恐れ多くてご辞退したんです。それが50年後に私のもとに来てくれたの。不思議議でしょう。

内田　凄い巡り合わせですね。乗松さんを見ていると、すべてが梅の神様のお引き寄せとしか思えない。

乗松　私もそう思います（笑）。その隣の瓶は100余年ほど前の梅干しで、この梅干しとの出合いが私の梅仕事の原点になりました。

内田　乗松さんの人生を決めた貴重な梅干しですね。この梅干しは食べてみましたか？

乗松　もちろん、食べました。梅酢につけて果肉が柔らかくなった頃に口に含んでみると、酸っぱいうえに塩分も残っていたんです。このときの感動は今でも忘れません。

内田　これほど古い梅干しにはどんな力があるんでしょうか。

乗松　たとえば、死を間近に迎えた人や非常に衰弱している人は何も口にできないことが多いのですが、古い梅干しで煮出した湯で薄くくずを引くと、

「昔はどの家庭でも水屋だんすの奥には、
保存食や養生食のくずや梅干しが常備されていたんです」（乗松）

口に入っていくんです。

内田　ゆるめのくず湯を作るのですね。つまり、古い梅干しはそれぐらいまろやかなんですね。

乗松　まことにまろやかなんです。先祖代々の梅干しがあれば理想的ですが、難しければ塩やしそだけで漬けた、できるだけ古い梅干しを使います。

内田　ああ、母にもそうしてあげればよかった。最期の1か月は、何も食べられなくて。もう自分からは何も欲しなくなってしまっていたんです。

乗松　私は父を長年介護していたんです。梅のくず湯はそのときの経験から得た知恵なんです。

内田　誤嚥《ごえん》しないように、ゆっくりゆっくり、とろ〜り口の中に入るからくずなんですね。

乗松　昔はどの家庭でも水屋だんすの奥には、保存食や養生食のくずや梅干しが常備されていたんです。

内田　そうでした！　昔ながらの梅干しは冷蔵庫ではなく常温で置かれていましたね。

乗松　梅干し作りの副産物であるしそや梅酢もね。私は昔から、炒めものや煮もの、料理の下ごしらえも、おむすびの手塩もすべて梅酢。そうするとクエン酸も取れて、細胞が刺激されるから元気でいられるんです。

内田　なるほど。梅酢を塩代わりに使っているんですね。身体によさそう。それなら手軽にできるので、私もさっそくまねしてみます。

「知恵や教訓を活かせば、
大切なものは守ることができる。
そして、世の中はもっといい方向へ
変わっていきますよね」（内田）

手間暇かけてこそ本当の梅の力が引き出せる

乗松　也哉子さん、この梅干しをちょっと触ってみてください。柔らかくて太陽の温もりがあって、梅の表面が塩をふいているでしょう。これが本物、極上の証しなの。

内田　本当、赤ちゃんのお尻みたいにふわふわしている。どのくらい干したらこうなるのですか？

乗松　これは三日三晩、夜露に当てて干したの。よく見ると全体にシワが寄っているでしょう。

内田　本当にシワシワ！　やっぱり梅干しはシワシワになるのがいいんですか？

乗松　シワシワにならなきゃダメよ。昔から、梅干しばばあっていうじゃないですか。

内田　そういうことなんだ。じゃ乗松さんは、全然梅干しばばあじゃないですよ。ツルツルすぎて赤ちゃん梅干し。シワ一つないから。

乗松　赤ちゃん梅干し、なるほどね。もう、この年になったら、それぐらいの優しい気持ちにならなきゃいけないわね。

内田　梅干しはこの塩の粉がふいてきたら、裏返しにするんですか。

乗松　裏に返すことを天地返しといってね、昔は半日に3回ぐらい天地返しをしていたんです。でも、今はそんなに頻繁にすると、梅の皮がやけどして

破れちゃうの。地球温暖化が急速に進んでいるでしょう。だから、午前中と午後、夜の3回くらいで十分。気象状況が大きく変わってきているから、人間がもっと謙虚になって自然や梅に合わせていかないと。

内田　人間の都合に合わせるのではなく。

乗松　うちは鎌倉の高台にあるお寺の土地をお借りして、長年そこで梅を干しているんです。なぜかっていうと、雑草があって山でしょう。夜中にダイヤモンドのような夜露が降りるんです。この夜露が極上の梅干し作りには欠かせないんです。

内田　梅のことを考えて、一番理想的な環境で干しているんですね。

乗松　今は手間暇かけずに簡単に梅干しを作る方法もあるけれど。

内田　それでは引き出せない本当の梅の力があるんですね。

乗松　生意気かもしれませんが、私はそう思っています。昔ながらの梅干し作りは、自然や地球環境の変化、四季の移り変わりを肌で感じて学べる勉強以外の何者でもないんです。

おいしい梅おむすびの作り方

材料（4個分）
梅干し　3〜4個
白米のご飯　お好みの量
玄米のご飯　お好みの量
水（手水用）　100㎖
赤梅酢（手塩用）　大さじ1
赤梅酢　大さじ1
白梅酢　大さじ1
＊水、赤梅酢、白梅酢は、白米と玄米のおむすび4個分の分量です。
＊白梅酢がない場合は赤梅酢で代用できます。

下準備
器に手塩用の赤梅酢を入れる。

作り方
【白米おむすび】
① 炊き立ての白米のご飯に、ほぐした梅干しと赤梅酢大さじ2分の1を混ぜる。
② 手水と手塩用の赤梅酢を手のひらにつける。
③ お好みの量のご飯を手に取り、たなごころ（ここでは親指の付け根の部分）を使ってふんわりとむすぶ。
④ おむすびの形を整えて、表面に白梅酢大さじ2分の1を塗り、最後にもうひとむすびする。

「まず、手に
たなごころを作ります」（乗松）

「左手の親指を持ち上げて、
窪みを作るのね」（内田）

「空気を包むように、
ふんわりとね」（内田）

「おむすびの三角になるところを
たなごころでむすぶの。これで
大体三角形ができます」（乗松）

「そうそう。もうちょっと、
たなごころを使ってみて」（乗松）

「あれあれ、力が入り過ぎ？
う〜ん。なかなか難しい！」（内田）

乗松さんと内田さんのおむすびタイム

乗松　今日は白米と玄米のおむすびを作りますね。まず、白米のおむすびから。白米のご飯に種を取った梅干しを小さくちぎり、赤梅酢と混ぜます。梅酢には防腐や抗菌効果があるから夏のお弁当のときにもいいの。焼きおむすびにしてもおいしいですよ。

内田　いいですね！　それは早速まねしたいです。

乗松　赤梅酢を両手のひらにたっぷりつけます。梅酢は、手水と手塩の代わりになるから一石二鳥。左手を開いて、親指を少し持ち上げて手のひらに窪みを作るの。私はこれを「たなごころ」と呼んでいます。おむすびの三角になるところをこのたなごころでむすびます。手で包み込むように、空気も一緒にむすぶイメージでね。

内田　ご飯の量は卵2個分ってよくいいますよ

「これでどうでしょう?」(内田)

「あとはとろ〜りとした白梅酢をかけてね」(乗松)

「おいしそう!」(内田)

作り方

【玄米おむすび】

① 炊き立ての玄米のご飯に、赤梅酢大さじ2分の1を混ぜる。

② 手水と手塩用の赤梅酢を手のひらにつける。

③ 種を取った梅干しを玄米の中央に入れる。

あとは「白米おむすび」の作り方③④と同じ。

ね。それは母に教わりましたが、本人はもっと大きいおむすびを作っていました(笑)。

乗松 也哉子さん、手大きいのね。

内田 手は裕也似なんです。

乗松 そうそう、優しい手つきでね。優しい、優しい。

内田 性格が出てます? 強いときもあるんですよ。「お母さん、もうなんでそんなことするの〜!」って子どもを泣かせたこともあったし(笑)。

乗松 最後にとろみのある白梅酢を塗ります。

内田 たなごころでむすぶと三角形がきれいにできますね。

乗松 いい風合いのおむすびじゃない! ちょっと召し上がってみて。

内田 んー! ご飯がふんわりとしていておいしい! 私は手湿疹があったから、おむすびはずっとラップを使っていたんです。よく母に「それは本当の作り方ではない」と言われていたん

「玄米の場合は、梅干しを真ん中に入れるの」（乗松）

「玄米はパラパラするから難しいのよ」（乗松）

【乗松さんのおむすび】

【内田さんのおむすび】

ですが、その意味がわかりました。ご飯のふんわり感が全然違うし、母が大切に考えていた手の常在菌の働きのせいか、味わい深さも違いますね。何個でも食べたくなっちゃう。

乗松　おむすびの形にはね、むすんだ人の性格が出るの。例えば、角がとがったおむすびを作る人は真面目で几帳面。丸い形の人はおおらか。私たちのおむすびは形がよく似ているけれど、私の方がやや丸いかな。也哉子さんのおむすびは、いいお母さんの形ね。

内田　梅の赤が効いた白米と玄米で、紅白のような色合いも素敵。

乗松　思いを込めて握るおむすびは、誰もが簡単に作れるごちそうなんです。

乗松さんが手塩にかけて作った梅干しを、母の梅壺にいただきました。

「お母様はよく『この病気をもらったっていう気持ちは、
本当にありがたい』とおっしゃっていたの」（乗松）

樹木希林さんとの出会い

内田　そもそも乗松さんと母は何がきっかけで出会ったのですか？

乗松　当時お母様には秘書の方がいらしたでしょう。その方が「延楽」のお弁当をとってくださったの。初めてお弁当をお届けしたその日の夜に、お母様と一緒にお店にいらして、「一日に2回食べても飽きない料理屋があったのね」と感心してくださって。

内田　その方はかなりの食通だったんですよ。いいお料理屋さんがあるからって、母を誘って行ったんでしょうね。

乗松　当時、お母様は、也哉子さんたちと二世帯住宅を建てるために家を探していらしたでしょう。偶然でしたけれど、まさか「延楽」のこんなにご近所に住まわれるとは思わなかったんですよ。

内田　折に触れ、乗松さんは母の家に行くといらっしゃるときもあったし。「延楽」では長男のお食い初めの祝いもしていただきましたね。その後も家族で頻繁にご飯を食べに行っていたので、寂しかったですよ、乗松さんが「延楽」を辞めてお引っ越しをしたときは。

乗松　私もですよ。お母様をはじめ、内田家の皆さまとは本当に仲良くさせていただいて。

内田　乗松さんは、母が乳がんになる前の50代の終わりか60代くらいに出会っているんですよね。最初から母とは馬が合ったんですか。

乗松　そうそう。でもね、それはきっとお母様がね、私に合わせてくださったのよ。也哉子さん、琵琶《びわ》の葉っぱのこと覚えている？

内田　覚えています、覚えています。母が網膜剥離になったときね。

乗松　也哉子さんが連絡をくださったでしょう。「乗松さん、母が琵琶の葉っぱで目を洗うからやめさせて。病院へ行くように言って」って。そうしたら、お母様は小田原にいい病院ができたから住みたいっておっしゃってね。私たちは一緒に家を探しに行ったのよ。

内田　そうだったんですね。でも、不思議なことに目は治ったんですよね。気合で治したのかしら（笑）。

乗松　生きる生きる、というお母様の絶対的なエネルギーですね。病をはねのけ、自分を守るためにいろいろな勉強をなさったんだと思います。

内田　私や家族がどんなにアドバイスをしても、母は自分が探して探して、見つけ出したものしか信じませんでした。

希林さんが仕掛けた本

乗松　その頃、私が長年お世話になっている杉田梅の穂坂梅林が同じ小田原だったから、お母様を初めてお連れしたの。農薬を使わない雑草が生い茂っている土はふかふかでね、木漏れ日がまことにきれい。樹齢の古い梅林の中に身を置くと、心身ともに浄化されて

疲れも取れるんです。お母様もこの梅林はお好きで、3回ほど一緒に行きました。一度、土砂降りの雨の日にご一緒したときは、梅の実を間近で見ようと傘もささずにびしょぬれになっている私の姿が印象的だったのか、そのことを『宿福の梅ばなし』という私の本のカバーのそでに書いてくださったんです。ほらここに。

内田　わー！　乗松さんも母も若い！

乗松　ああ。こちらの写真は、樹齢の古い杉田梅の木の下でお母様や梅の木を手入れしてくださる方々と記念撮影をしたんです。もう、20年以上前になるのかしら。今となっては笑い話だけれど、私知らなかったの。自分の本が出版されるってことを。ある日お客様から、「乗松さん本出すんだよね」って言われてびっくりしたのを覚えています。それから何日かしてお母様がみえて、「今度あなたの本出すから。もう出版社の人と全部段取りしたから大丈夫」っておっしゃって。題名や値段まで決めて、本屋さんではもう宣伝用の幕まで下がっていたの。

内田　それは、すべて乗松さんの知らないうちに？

乗松　そうなの。ところが、原稿が上がって読み返してみると、そのままでは難しい内容もあったから、閉店後に毛布にくるまって20日間で書き直したの。

内田　たった20日間で仕上げるなんて、超人的ですね。

乗松　その頃は食べやすい品種改良の

「私や家族がどんなにアドバイスをしても、
母は自分が探して探して、
見つけ出したものしか信じませんでした」（内田）

梅がもてはやされていた時代だったんです。この本は、貴重な野梅系の杉田梅を守りたいという一心で書いたんです。お母様が「宿福の梅ばなし」という素敵な題名を付けてくださってね。「宿福」はお経の中にある言葉で、「幸福を祈る」という意味があるそうです。

内田　「力のある梅を残そうと我が子のように慈しみ、そして梅に癒やされている乗松さんは何て別嬪さんなんだろう」って、母がこの本に書いています。

乗松　いやだ、別嬪《べっぴん》さんなんかじゃないわよ（笑）。

病気を「いただく」

乗松　お母様はよく「この病気をもらったっていう気持ちは、本当にありがたい」とおっしゃっていたの。病気になっていろいろなことに気づかされたと。それと、がんになって「何で私ががんにならなきゃいけないの」って、がんを敵対視すると、どんどん広がってくるとも話していましたね。梅の仕事をしていると、いろいろなお客様がお見えになるでしょう。今まさにそういう心境の方がいらして。その方に「がんを授かったという気持ちになった方がいらっしゃるのよ」ってお母様のことをお話ししたんです。そうしたら「とても尊い考え方ですね」と、混乱していた気持ちが落ち着かれたようでした。

内田　病気と「戦う」ではなく、「い

「彼女はすごく丁寧に話を聞いてくれて、
相手に対して優しい手当てだけじゃなくて、
自分で回復していけるような力を
授けてくれるようなところがあったの」（乗松）

ただく」。母のこの言葉には私も衝撃を受けました。

乗松　こういう考え方に持っていけるのは、也哉子さん、相当深い生活体験を持っているから気づけるのよね。それと、以前裕也さんとお話ししていたとき、「乗松さん、人には言ったことないんだけど、俺にとってはやっぱり啓子がね、嫁なのよ。也哉子が娘なのよ。で、孫もできただろう。でも俺になつかないんだよな」ってポロリとおっしゃったの。

内田　それはだって怖いもんね。寂しかったのかしら、孫がなついていなくて（笑）。

乗松　そりゃ寂しいわよ、也哉子さん。

内田　本当？　だって時々しか現れないのは自分なんだから。

乗松　「やっぱり、啓子に自分の下着を洗わせる気にはなれない」ともおっしゃっていたわ。

内田　それはどう意味だろう？

乗松　彼女は女優だからね、そんなことはさせたくないって。

内田　そういうリスペクトはあったんですね、母に対して。

乗松　也哉ちゃん、あれぐらいシャイな人はいないじゃない、女々しいことを言わないから、お母様も追いかけられたのよ。いつだったか、秋にヒルサイドテラスの枯れ葉の中で2人して腕を組んで歩いていたじゃない。私、偶然カフェからお見かけしたのね。なんともほほ笑ましい雰囲気で、邪魔しち

ゃ悪いと思って、声をかけられなかったわ。

内田　歩いていましたね。あれは晩年です。最晩年。私も覚えています。

乗松　2人とも若いときはエネルギーがあり余っていたから、戦うしかない関係だったのね。

内田　血気盛んな若い頃は何でもできるから、できない人が劣って見えるし、また母にとって父は活動の原動力だったから、会うと戦いたくなって、いさかいの魂がマグマのようにぶくぶくと沸いてきたんでしょうね。でも母が晩年になって、「年を取っていくっていうことは、いろいろなことができなくなっていく。諦めていくことは、とても寂しいことだけのように感じるけど、私はそれを楽しんでいる。面白がっている。あ、昨日できたことが、こんなにできなくなるんだ、人間って。そうして枯れていく自分っていうのも、一つなかなか面白いものだよ」ってよく話してくれました。だから、そういうことも含めて母は「病をいただいた」という考え方になったのかもしれません。

乗松　2人とも含蓄が深い人柄だったのね。でも、お互いいい人生を送られたと思いますよ、私は。

内田　それぞれに紆余曲折はあれども。

乗松さんと希林さんの共通点

乗松　今思えば、お母様は生きていら

っしゃるときからご自分の最期、そしてその先、也哉子さんたちがどう生活するかっていうことも、ちゃーんと考えていたと思うの。

内田　そうですか。私からすると、いつも大雑把な母っていうイメージで、勘だけは鋭いけど、大体どんぶり勘定で「いいのよ、いいのよ」って。おむすびだって何個も小さく握るのが面倒くさいから、大きいのを1個ドーンと持たされたし、そういう雑さが、嫌だなあ、恥ずかしいなあ、と思って育ってきました。お弁当も玄米、おかずも茶色で染まっているし。「あんなお母さん素敵！」って思われるようなお母さんではなかったんですよね。

乗松　あはは。繊細なところもお持ちだけれど、豪快で合理的な方だったわよね。

内田　だけれども、本当に本物を見抜く目っていうのが、多分、乗松さんも母もそういう鋭さっていうか、研ぎ澄まし方がちょっと尋常じゃないっていうか。で、そういう2人が親友としていられたっていうのは素晴らしいなと思って。だから本音も言い合えて、ぶつかるってことはなかったですよね、きっと。どっちかが黙っちゃうっていうことはあっても。

乗松　そうね、ぶつかるってことはなかったわね。お母様はよく、「私はいいことも悪いことも、全部出させるの。出させないでふたをしたら、ぬかみそみたいに中で発酵してバンと腐っ

「本当に本物を見抜く目っていうのが、
多分、乗松さんも母もそういう鋭さっていうか、
研ぎ澄まし方がちょっと尋常じゃないっていうか」（内田）

て、その人の輝きがなくなってしまうじゃない」っておっしゃっていたのね。私、その話を梅を干しながら聞いていて、「なるほど、梅は夜も昼も間断なく干されていやおうなしに無理をさせられる。でも人間はそうはいかないんだな」と思ったんです。

内田　母は突拍子もないっていうか、アバンギャルドなことをどんどんする人ではあるけど、根っこはすごく古風な人なんです。考え方もね。

乗松　その古風さを日々の生活に取り入れて、ご自分の生き様の中に刻み込んでいってね。也哉子さんのこともその眼差しで見守った。だから、あまり口出しはされなかったと思うけど。也哉ちゃんの生き様についても。

内田　そうですね。何にも言われなかった。

乗松　母親としての自信に満ちた気持ちを、相当持っていらしたと思うの。

内田　わかりやすくは表現されなかったけれども、後になって感じることは多かったですね。

乗松　私ね、今でもしょっちゅうお母様とお話しするの。彼女はすごく丁寧に話を聞いてくれて、相手に対して優しい手当てだけじゃなくて、自分で回復していけるような力を授けてくれるようなところがあったの。そのときに会話した言葉とか表情とか、今でもはっきりと覚えています。姿はなくなっても魂は生き続けているんですよね。

「『時来れば、誇りを持って脇へどけ』。（中略）やっぱりね、頭と体力が平行しないといい仕事はできないと思うんです」（乗松）

梅仕事は子育てと同じ

乗松　私が梅仕事ばかりして日々追われているでしょう。ある日見兼ねたお母様が、「商売しているんだったら、もう少し片づけた方がいいわよ。私片づけに行くから」ってうちに来てくれたことがあるんです。ひと通り掃除を終えて、こざっぱりとしたテーブルの上で、「時来れば、誇りを持って脇へどけ」というドイツ人の詩人の言葉を書いて、「現役で頑張る気持ちは大事だけれど、次の世代に譲っていくっていうことも必要よ。私はいつもこの言葉が頭にあるの」とおっしゃったの。結局、よぼよぼの梅ばあさんがいつまでも頑張っていたら次が育たない。やっぱりね、頭と体力が平行しないといい仕事はできないと思うんです。

内田　ちっともよぼよぼではないけれど（笑）。でも、乗松さんはどなたか仕事を継承できる人を育てているんですか。

乗松　私は何でも自分1人でちょっとずつやるのが好きだったんです。ところがね、最近になって、女子会を作ろうかと思ってね。〝始めてみませんか、梅生活を〟を合言葉に、とにかく梅干しを漬けてみましょうと皆さんに呼び掛けているんです。今は簡単に作る方法もあるけれど、少量でもいいから昔ながらの梅干しの作り方とその良さを多くの方にお伝えしたくなってきたんです。

内田　伝統的な漬け方と原種の梅の素晴らしさを諦めないで、伝えていってあげてください。もちろん、個人個人も大事ですけれど、この規模でずっとやっていける乗松さんのような梅職人を育ててください。子育てならぬ、「梅育て」ですよね。

乗松　そうそう！「梅育て」。だから梅は木偏に母なの。これはね、日本で平安時代から使われている漢字らしいの。中国でも昔は地方によって異なったようだけれど、今ではこの「梅」の字が使われているの。梅仕事はね、やっぱり子育てと同じ。梅を干すときは昼は見守り、夜中も起きているんだもの、三日三晩も。

内田　もしかしたら子育てより時間がかかるかもしれない。手間暇が。

乗松　いやいや也哉子さん、私には経験がないけれど、皆様の子育てを拝見していると、子育ての方がずっと大変。

内田　それは子どもは動き回るからね。梅は置いたら置いといた通りにいてくれる（笑）。そこは楽かもしれないけれど、乗松さんのように、おいしい立派な梅干しに育て上げるには梅の声を一つひとつ聞いていくわけで、これは誰にでもすぐにできることではなさそう。

乗松　それが「梅育て」の面白さなんです。

子育ての中で内田さんが目指したこと

乗松　也哉子さんは20代早々で雅樂《うた》くん、その2年後に伽羅《きゃら》ちゃん、30代で玄兎《げんと》くんを産んで、3人のお母さんになったわけだけれど、子育ての中で大事にしてきたことはある？

内田　語れるようなポリシーは全くないですけれど、どちらかというと私は母にライオンの子のように育てられたので、私自身はもうちょっと子どもとの時間を大事にしたいなって。もちろん、母も一所懸命やれるだけのことはやってくれましたが、子どもに伝わるような方法ではなかった。私にとっては父も母も反面教師だったので、お父さんとお母さんが家庭にいて、子どもと一緒にご飯を一日1回は少なくとも食べる。そういう自分が経験できなかった当たり前の生活を大切にしたいと思いました。できているかどうかは別としても、そこは私が一番目指したところです。きっと母も同じ考え方だったと思うのですが、彼女の場合は人生がドラマティック過ぎました。

母が大切にした「ケ」の食事

内田　多忙だった母が子育ての中で、「自分はこの子に何ができるだろう？」と考えたとき、「とにかく心と身体を健全に保つ食事だけはきちんと作ろう」と思ったそうです。といっても、母の料理は焼くか煮るか、せいぜいゆでるぐらい。手の込んだ料理は一切出ませんでしたが、私が留学先から帰国

「子どもと一緒にご飯を一日1回は少なくとも食べる。
そういう自分が経験できなかった当たり前の生活を
大切にしたいと思いました」(内田)

すると、必ず玄米とみそ汁、めざし、納豆やぬか漬け、梅干し、という純和食の膳を用意してくれました。いわゆる「ケ」の日の食事ですが、私にとってはこの世で一番おいしいと思える料理でした。

乗松　シンプルだけれど、一つひとつの素材を厳選したお母様流のおもてなしだったのね。

内田　たとえば、複雑で濃厚なソースのフランス料理も好きだし素晴らしいけれど、母の料理からは、素材のよさを感じて、最小限にどう手を加えるか、ということを教わりました。料理の仕方というより、食に対する基本の「き」ですね。この考え方は私も大いに受け継いでいます。

幼い頃の食事の記憶

内田　私が子どもの頃にどんな食事をしていたかというと、真っ先に思い出すのはTVアニメ『まんが日本昔ばなし』に出てくるような大きい羽釜で炊いた玄米ご飯なんです。母が仕事のときは、「おみそ汁を温めて魚を焼きなさい」というメモが食卓に置いてありました。まさに禅寺のような一汁一菜の御膳。お肉もほとんど出なかったけれど、当時はそういうものだと思っていたから何の不満もなかったんです。

乗松　お母様の食育方針は徹底していたんですね。也哉子さんは家族にどんな料理を作っているんですか？

内田　私が家で作る料理は、異国の地

「昔ながらの梅干しはコロナのようなウイルスや災害が増えていくこれからの時代に欠かせない食のお守りになってくれます」（乗松）

で出合った料理をアレンジした和洋折衷的なものだったり、母の料理をベースにしたシンプルな和食料理だったり、特にスタイルはなくさまざまです。ご飯は玄米も好きですが、白米や雑穀など、何でも食べています。

乗松　日本は四季があるから旬のものもおいしいでしょう。

内田　そうです、そうです。一つ心掛けているのは、旬の食材を選ぶこと。でも今は、スーパーへ行ったら、旬に関係なく何でもあるから、本物を探すのが難しいんですけれど。最低限の調味料や食材は、昔ながらの製法で作られた余計なものが入っていないものを意識しています。

乗松　それは梅干しも一緒。添加物を使わず塩やしそだけで漬けているものはなかなかないもの。

杉田梅の命をつなぐ

内田　私が乗松さんの丹精込めて作った梅干しを初めて食べたのは、高校生のときでした。昔ながらの梅干しはパンチのある酸っぱさで、目が覚めるほど刺激的でした。以来、私は梅干しといえばずっと乗松さんのお手製をいただいています。

乗松　そんなに昔から食べ続けてくださっていたのね。ありがとう。

内田　長女の伽羅は、今ニューヨークで暮らしているんですけれど、向こうに帰るときは必ず乗松さんの梅干しを

持って行きます。で、「元気がなくなったら、一粒食べるの」って（笑）。

乗松　まあ、私の梅干しをニューヨークまで！　なんだかお守りみたいに思ってくださってうれしいわ。

内田　でもね、次男の玄兎はまだ12歳でしょう。この梅干しは刺激的過ぎて、崩してご飯に混ぜないと食べられない。ただ、お腹の調子が悪いときは「梅ある？」って聞いてきますね。この梅干しの味わい深さは、彼がもう少し大人になったらわかるのかなぁ。

乗松　そういえば、お母様はうちにいらっしゃると、「きれいな梅干しは商品にしてもらって、私は崩れた梅干しでいいから」と、遠慮しておっしゃっていました。

内田　何でも端っこが好きだったから、梅干しもそんな感覚だったのかもしれません。母はぬかみそは漬けていたけれど、梅干しは乗松さん頼みでしたね。梅干しはいつも決まった小壺に入れていました。母が亡くなってキッチンの片付けをしているときにこの壺を見つけて、もしかしたらと思ってふたを開けてみたけれど、すっかり空でした（笑）。思えば、乗松さんとのご縁は母の「この杉田梅の梅干しがすごいのよ！」から始まって、今や私や夫と子どもたちにまでつながって。これはもう、梅の神様のお引き合わせとしか思えない。

乗松　本当ね。玄兎くんとは梅酒を一緒に漬けたこともあったわね。

内田　そうそう、あのときは乗松さんが、「梅酒は簡単だから自分で漬けてみなさい」って、玄兎のために梅酒の材料を用意して教えにきてくださったんですよね。玄兎にとっては初めての梅仕事。いい体験になりました。

乗松　作った梅酒は7年後、玄兎くんが成人したときの祝い酒にもなるでしょう。その日の思い出と一緒に。梅仕事は夫婦や親子でするといいですよ。昔のように家庭で梅仕事をする人が増えれば、梅の命は続いていきます。ちょっと大げさですが、孫の代まで家宝のように残せる食品ってないじゃないですか。

内田　実は私、長男の出産後から手に湿疹ができて、長年ラップがないとおむすびも作れなかったんです。でも、最近、ようやく落ち着いてきたので、そろそろ梅仕事もいいですね。

乗松　也哉子さんが梅仕事を始めたくなったら、いつでも教えにいきますよ。穏やかで梅を手にするっていいわよ。温かな気持ちになるの。

内田　乗松さんは82歳と思えないほどバイタリティに満ちあふれていて、どうしたらこんなにしなやかでたくましい1人の女性ができ上がるんだろうって思っていたんです。でも、今日お話を伺って、やっぱり梅の力なんだなということを確信しました。

乗松　也哉子さん、何でもいいから夢中になれるものを一つ持っておくのはいいものよ。この歳になってつくづく

「乗松さんは優しいオーラを持っているけれども、
ピシーッと一本譲れない、
こう凛《りん》としたたたずまいをお持ちで、
それが怖くもあり、神々しくもあり、憧れでもあり」（内田）

思います。私にとっては梅が活動力や元気の源。なんだか、お母様と裕也さんの関係みたいだけれど。

内田　乗松さんは優しいオーラを持っているけれども、ピシーッと一本譲れない、こう凛《りん》としたたたずまいをお持ちで、それが怖くもあり、神々しくもあり、憧れでもあり。かつて日本女性が持っていた美意識や感性が消えつつある今、乗松さんのような方の存在とものの考え方はきちんと次世代の人たちに伝えていきたいですね。杉田梅とともに。

乗松　私のことは要らないけれど、いつか梅が抹茶やだしのように世界で注目される食材になったときに、「日本には杉田梅という野梅系の梅があります」と胸を張って誇れる梅を残しておきたいじゃないですか。昔ながらの梅干しはコロナのようなウイルスや災害が増えていくこれからの時代に欠かせない食のお守りになってくれます。

おわりに

2023（令和5）年4月2日の朝、神奈川県足柄上郡大井町にある三嶋神社の春の御祭礼に参列させていただくため、境内にある果樹園の小路を本殿に向かって歩いていました。果樹園には季節を追って楽しめる柑橘類やプラム、柿、マコモダケなど、何十種もの茶花や草花を見ることができます。奥の木陰できじの子育ての姿に出会い、ソーッと邪魔しないようにと通り過ぎながら、今日だけでなく、四季の折々に普段と全く異なる深い空気に触れることができる喜びに、しみじみとした幸せを覚えずにはいられません。

小路の脇で風通しよく朝日を浴びる場所に、2年前に植樹していただいた杉田梅の若木があります。前日夜半の雨を浴びて、先端の赤みを帯びた新芽は、ツンと天空へ先端を向けています。同行したスタッフの小野さんは「随分大きく成長しましたよ」と、木に近づいて何枚も写真を撮っています。

神社の大奥様が教えてくださったのですが、神社の杜に見られるムクノキ、タブノキ、スダジイ、ヒノキ、クスノキ、エノキ、ケヤキ、イチョウ、ボダイジュ、ナギなどの高木は、里山が残る大井町でもあまり見られなくなっているといいます。高木は土中に大きく広げた根から水を吸い上げ、葉から大気中に放出し、気化熱で夏には涼しい空気を作り出します。台風など強い風が吹き荒れたときは、風を受け止め、また流し、周りの木々や建物を守ってくれます。大切なのは、木が土の中に根を張り巡らせることができているかどうかです。乱暴な剪定は木を弱らせ、倒木などを起こす原因となります。

私が長年お世話になっている小田原にある穂坂梅林の古木の多い土は、座布団の上を歩くような柔らかい感触です。なぜこんなにもふかふかなのかを知ろうとせず、上よりも上の木ばかり見ていた自分には、我ながら恥じ入るのみでした。穂坂梅林の奥様は、「木々を守り育てることは一気にはできません。早く成長させることは無理が多く、よい結果が望めません。家代々の木に対する考え方を次世代にも伝えていくことがとても大事ですね」とお話しくださいました。

かつて、いけばな作家の中川幸夫先生は、「花を生けるということは、花の根のことも連想しなければ、生けたとは言えないよ。そして、もっと大切なのは、花を生ける花器なんだよ」と教えてくださいました。

私が代官山に日本料理店「延楽」を開いたとき、中川先生は桜の花を玄関に生けてくださいました。先生は花器の中に手を入れて、長い間目をつむり、やがて「うーん、これにしよう」と作業を始められました。生け終わりに近づいたとき、切り落とした幹を花器に添えられました。これほど桜の花がいきいきと輝いて生けられているのを見たことはありません。中川先生は「花が終わったら、処分しないで大きい樽に入れてやってくれ。3年間ほどは開花するよ」と教えてくださいました。

「延楽」を経て、杉田梅専門店の「延楽梅花堂」を始めて10年ほどになります。あるとき知人から、「梅一筋で、しかも1人で楽しむのも悪くないと思うけれど、それではあまりにも身勝手というものよ。あなたの手助けをしている人が気の毒ではないの。私の里の方に土地を用意できるので、梅林を作られた方がよいと思うのだけれど」と申し出てくださり、深い感謝の念を抱きました。

ただ、異常気象が年間を通じて伝えられる昨今、どの地の方面にと考えますと、やはり厳しい問題も多々ございます。

またあるとき、デザインの仕事をしている友人が、神奈川県の秦野の方面がいいのではないかと教えてくださいました。有機農法を行っているご夫婦にお会いし、その日のうちに、先の三嶋神社をご紹介いただいたのでした。神社の大奥様と若奥様は快く境内を案内してくださり、古木の梅の木のそばに杉田梅を植樹することをお許しくださいました。まことに不思議なご縁をいただいたと、ありがたく思っています。

三嶋神社の出会いから1日ほどして、20余年前にお会いしたことのある熊本県の阿蘇でアイスクリームを作っている奥様から突然ご連絡をいただき、「私のお山に杉田梅の梅林を作ってみてはどうですか」とご提案いただきました。急速に梅林作りが進行し、翌年の秋には第1回目の植樹をすることができました。

植樹の当日、ご主人様は「梅林の陰になるから、大木を切る」と言われます。私は「いいえ」と申し上げましたが、「長い間、日陰にするのはかわいそうですよ」と言われ、お任せすることにしました。湧き水のそばの土手には梅の木の父親なる野ばらが何本も見られて、安心してご主人様にお礼を申し上げたのでした。ご子息様がご多忙の合間に、杉田梅の成長の様子をお伝えしてくださいます。

それから佐賀県、鹿児島県、長崎県、大分県へと杉田梅の梅林は広がっていき、神社杉田梅、九州阿蘇杉田梅と、それぞれの風土に見守られて成長していく楽しみをいただける日々となりました。

さまざまな形で行き届かない私にお力添えいただきました皆々様に、深く感謝を申し上げます。

乗松祥子

乗松祥子（のりまつ・さちこ）

1940（昭和15）年愛媛県生まれ。茶懐石料理店「辻留」銀座店に20余年勤務したのち、鎌倉・小町通りの日本料理店「味路喜」の責任者を務める。その後、代官山ヒルサイドテラスに日本料理店「延楽」を開店。現在は、杉田梅専門店「延楽梅花堂」を経営している。「辻留」時代に100余年前の梅干しを譲り受けたことがきっかけで、梅仕事を始める。「幻の梅」といわれる野梅系の杉田梅に出合い、梅に一生を捧げることを誓う。現在まで50年以上に渡って梅仕事を続けている。杉田梅を未来につなげるために、「杉田梅を守り育てる会」の主幹を務め、自身でも梅の木の保全活動や植樹などを行っている。著書に『梅暦、梅料理』（文化出版局）、『宿福の梅ばなし』（草思社）、『百年の梅仕事』（筑摩書房）。

ゲスト

内田也哉子（うちだ・ややこ）

1976年東京都生まれ。樹木希林と内田裕也の一人娘として生まれる。夫は俳優の本木雅弘。三児の母。エッセイ、翻訳、作詞、ナレーションのほか、音楽ユニット〝sigh boat〟としても活動。著書に『新装版 ペーパームービー』（朝日出版社）、『9月1日 母からのバトン』（樹木希林との共著、ポプラ社）、『なんで家族を続けるの？』（中野信子との共著、文春新書）、翻訳書に『たいせつなこと』（フレーベル館）、『点 きみとぼくはここにいる』（講談社）、『うみ』（岩波書店）など。

82歳《さい》の現役職人《げんえきしょくにん》が伝《つた》える梅仕事《うめしごと》と暮《く》らしの知恵《ちえ》
梅《うめ》おばあちゃんの贈《おく》りもの

2023年5月18日　発　行　　NDC596

著　者　乗松祥子《のりまつさちこ》
発行者　小川雄一
発行所　株式会社 誠文堂新光社
〒113-0033 東京都文京区本郷3-3-11
電話 03-5800-5780
https://www.seibundo-shinkosha.net/
印刷所　株式会社 大熊整美堂
製本所　和光堂 株式会社

ISBN978-4-416-52337-7